Kohlhammer
Urban-
Taschenbücher

Band 307

Gisela Bartling
Liz Echelmeyer
Margarita Engberding
Regina Krause

Problemanalyse im therapeutischen Prozeß

13.2.'84

Verlag W. Kohlhammer
Stuttgart Berlin Köln Mainz

CIP-Kurztitelaufnahme der Deutschen Bibliothek

Problemanalysen im therapeutischen Prozeß /

Gisela Bartling . . . – Stuttgart, Berlin, Köln, Mainz: Kohlhammer, 1980.
(Urban-Taschenbücher; Bd. 307)
ISBN 3-17-005511-9
NE: Bartling, Gisela [Mitarb.]

Verlagsort: Stuttgart
Umschlag: hace
Gesamtherstellung: W. Kohlhammer GmbH
Grafischer Großbetrieb Stuttgart
Printed in Germany

Inhalt

Zu diesem Buch – ›Was uns vorweg am Herzen liegt‹

Wenn eine Arbeit wie das vorliegende Buch einmal bis zur Endform gediehen ist, gilt es, einer ganzen Reihe von Leuten Dank zu sagen, deren Mitarbeit, Unterstützung und Aufmunterung das Unternehmen mittragen und schließlich auch zu Ende bringen halfen.

So danken wir an dieser Stelle den Mitarbeitern und Studenten, die durch ihre stete Bereitschaft zur Diskussion uns hilfreiche Rückmeldung und anregende Hinweise gegeben haben.

Wir danken außerdem all denen für ihre Geduld und Ausdauer, die in nimmermüdem Einsatz an der Schreibmaschine die Entstehung des Manuskripts verwirklichen halfen.

Zudem freuen wir uns, daß wir für die erläuternde Auflockerung des Textes die Fähigkeiten von Wolfgang Hanhardt, Manfred Hardt und unserer Mitautorin Liz Echelmeyer nutzen konnten, und danken den Zeichnern herzlich.

Zum Aufbau dieses Buches möchten wir folgendes vorausschicken: Der erste Teil enthält den *Leitfaden zur Problemanalyse* und Planung des therapeutischen Veränderungsprozesses. Daran angeschlossen ist die *Kurzfassung* dieses Leitfadens für die praktische Anwendung und Nutzung in der Therapie; wie dies im einzelnen aussehen kann, soll im letzten Teil des Buches durch die Darstellung dreier *Therapiebeispiele* illustriert werden, bei denen unterschiedliche Schwerpunkte in der Orientierung am Leitfaden gesetzt wurden.

Wir hoffen abschließend, daß Sie bei der Lektüre dieses Buches nicht so viel Mühe haben wie wir auf dem ›steinigen‹ Weg seiner Abfassung:

. . . . . .   beim Ausbuddeln des Steins der Weisen:

Euphorie

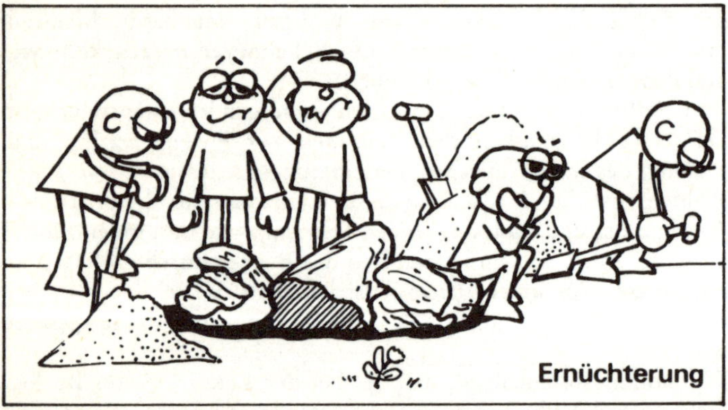

Ernüchterung

Suche nach Schuldigen und Bestrafung von Unschuldigen

Verriß durch Unsachkundige

Resignation

Rückkehr zum Machbaren

I. Ausgangsüberlegungen – ›Zum Verständnis des Konzeptes‹

Die ursprüngliche Anregung für die Erstellung des vorliegenden Leitfadens ergab sich für uns aus der Notwendigkeit, ein allgemeines Konzept zur Problemanalyse und Planung des therapeutischen Veränderungsprozesses für Studenten zu entwickeln, die ihre Ausbildung in Klinischer Psychologie und Verhaltensmodifikation beginnen.

Auf gängige Schemata der verhaltenstherapeutischen Diagnostik wollten wir uns nicht mehr beschränken. Auch die derzeitige (verhaltens-)therapeutische Arbeit vieler Praktiker geht längst über die klassischen lerntheoretischen Ansätze hinaus und befaßt sich inzwischen mit weit mehr Aspekten, als durch diesen Rahmen abgedeckt werden. Um dieser Tatsache Rechnung zu tragen und um die entstehende Kluft zwischen Verhaltensanalyse-Ausbildung und späterer Praxis zu überbrücken, war es unser Anliegen, unter Einbeziehung neuerer Ergebnisse der Therapie-Forschung eine Anleitung zur begrifflichen Strukturierung des diagnostisch-therapeutischen Prozesses zu entwerfen. Mit der vorliegenden Konzeption sollte zwischen bewährten Elementen vorhandener Schemata (z. B. Kaminski, 1970, Schulte, 1974) und therapierelevanten Erkenntnissen aus verschiedenen theoretischen Richtungen eine sinnvolle Verbindung geschaffen werden.

Im folgenden wollen wir einige grundlegende *Vorannahmen* erläutern, um dem Leser einen ersten Zugang zum Verständnis des Konzeptes zu ermöglichen. Die *Erweiterungen* in unserem Konzept (vgl. hierzu auch Braun & Tittelbach, 1978, Teil II) beziehen sich vorrangig auf folgende Aspekte:

- Verständnis des Therapieprozesses als gemeinsamer Problemlöseprozeß (D'Zurilla & Goldfried, 1971); der Klient wird dabei als ein Mensch gesehen, der sich von anderen nicht unbedingt in der Art oder Anzahl seiner Probleme unterscheidet, sondern der über geringere Problemlösefähigkeiten verfügt oder in bestimmten Situationen nicht in der Lage ist, seine Fähigkeiten zur Problembewältigung eigenständig und erfolgreich einzusetzen (vgl. Guerney & Stollak, 1965).
- Menschenbild: das Individuum wird nicht als ein nur auf Umweltreize reagierender Organismus betrachtet, sondern als aktiv mit seiner sozialen und gegenständlichen Umwelt interagierendes Subjekt, das fähig ist, Informationen zu verarbeiten, seine

Handlungen rational zu reflektieren, zu erklären und entsprechend zu steuern (vgl. z. B. Groeben & Scheele, 1977; dort auch weitere Literatur).

- Verhaltensbegriff: entsprechend soll der Begriff des Verhaltens hier auch kognitive und emotionale Prozesse umfassen; neben der Analyse konkreter, eng umgrenzter Verhaltensausschnitte werden – hierarchisch aufsteigend – situationsübergreifende Regeln, Pläne und Oberpläne in die Betrachtung einbezogen (Zaumseil, 1977; Grawe, 1978; Fiedler, 1979) sowie die Regeln der sozialen Systeme, in denen der Klient lebt, und die Funktion der ›Symptomatik‹ des Klienten in diesem Zusammenhang (vgl. z. B. Minuchin, 1977; Selvini-Palazzoli, 1977).
- Besondere Beachtung der Therapeut-Klient-Interaktion als eines wichtigen diagnostischen Mittels und als Medium, in dem die Therapie sich vollzieht (Grawe, 1978).
- Umfassenderes Verständnis der Genese: Berücksichtigung der Möglichkeit, daß Probleme als Folge fehlgeschlagener früherer Problemlöseversuche entstehen können (M. Hoffmann, 1978).
- Erhöhte Aufmerksamkeit für persönliche Voraussetzungen in der therapeutischen Arbeit wie Erwartungen an die Therapie, Motivation und Veränderungsbereitschaft beim Klienten sowie Normen und prognostische Einschätzungen auf seiten des Klienten und des Therapeuten.

Problem und Problemlöseprozeß

Da der vorliegende Leitfaden zu einem systematischen Vorgehen für eine möglichst große Bandbreite von Ausgangsbedingungen und Arbeitsweisen klinisch-psychologischer Praxis anleiten und dabei auch eine Integration von unterschiedlichen neueren theoretischen und praktischen Ansätzen ermöglichen soll, wird hier für die Bezeichnung des Ausgangspunktes diagnostisch-therapeutischer Veränderungsprozesse der allgemeine Begriff *»Problem«* vorgeschlagen. Dabei ist anzumerken, daß sich im Lauf der gemeinsamen Arbeit das Verständnis darüber, was das ›eigentliche‹ Problem ausmacht, verändern kann.

Ein Problem entsteht, wenn ein Individuum oder eine Menschengruppe einen unerwünschten Anfangszustand überwinden bzw. ein erwünschtes oder durch die Praxis gefordertes Ziel erreichen will und der unmittelbar verfügbare Stand der Kenntnisse und/oder Fertigkeiten dazu nicht ausreicht (vgl. Klaus & Buhr, 1969; Clauss et al., 1976; ähnlich auch Seidel, 1976). Die Transformation des

Anfangszustandes in einen von ihm abweichenden Endzustand kann dabei erschwert sein durch:

- mangelnde Klarheit in der Einschätzung des Ist-Zustandes
- das Fehlen bzw. das Nicht-kennen der richtigen Operationen oder der richtigen räumlich-zeitlichen Anordnung schon bekannter Operationen
- mangelnde Klarheit des Zielzustandes (vgl. Dörner, 1976).

Das Interesse klinischer Psychologen am Problemlösungsansatz auch außerhalb der im weiten Sinne verhaltenstherapeutischen Richtungen (vgl. z. B. Schmidtchen, 1978) hat sich in den letzten Jahren – wenn auch nicht unumstritten (vgl. Zusammenfassung der Kritik bei Jaeggi, 1979, S. 81 ff.) – sehr verstärkt. Der *therapeutische Veränderungsprozeß* wird zunehmend verstanden als *Problemlöseprozeß* (vgl. Urban & Ford, 1971; D'Zurilla & Goldfried, 1971), und zwar im Sinne eines sukzessiven Vorgehens mit Rückkoppelungscharakter. Dieser wird nicht unterteilt in eine explizit diagnostische und eine davon getrennte therapeutische Phase, diagnostische und therapeutische Anteile sind vielmehr fortlaufend ineinander verschränkt. Die einzelnen *Phasen des Prozesses* – Problemanalyse, Zielanalyse, Mittelanalyse (Suche nach Lösungsalternativen) und praktische Erprobung – werden in enger Zusammenarbeit zwischen Therapeut und Klient und ggf. Bezugspersonen durchlaufen. Der Therapeut bringt zwar sein Fachwissen ein, wird aber nicht eingeschränkt als »professioneller Problemlöser« für die Schwierigkeiten anderer gesehen. Seine Kompetenz besteht u. E. gerade darin, dieses Fachwissen in der Kommunikation mit dem Klienten mit dessen Sichtweise – seinen Erwartungen, Motivationen, Wünschen, Zielen und eigenen Problemlösefertigkeiten – in Verbindung zu bringen, also in einen gemeinsamen Problemlöseprozeß mit dem Klienten einzutreten bzw. einen solchen möglichst bald einzuleiten. Bei der Arbeit innerhalb der einzelnen Prozeßphasen handelt es sich häufig nicht um einen einmaligen und in sich abgeschlossenen Vorgang. Es bedarf jeweils der *Rückmeldung über Effizienz bzw. Ineffizienz* der bisherigen Schritte, bevor zur nächsten Phase übergegangen werden kann. Aufgrund der Ergebnisse dieser Rückkoppelung kann es zur Revision vorher vollzogener Schritte kommen. Stagniert der Prozeß einmal völlig, muß gemeinsam überlegt werden, zu welcher evtl. auch weiter zurückliegenden Phase sinnvollerweise zurückgegangen werden soll; an dieser Stelle ist dann mit dem Problemlöseprozeß erneut einzusetzen.

Ein wichtiger Anstoß für die Erweiterung und Neufassung von herkömmlichen Formen der Verhaltensanalyse liegt für uns u.a. darin, daß dort in Anlehnung an die Paradigmen der klassischen und operanten Konditionierung vorwiegend funktionale Zusammenhänge zwischen relativ isolierten (Umwelt-)Reizen und Reaktionen untersucht werden, wobei das Verhalten als vorwiegend *reaktiv* verstanden wird. Eine derartige ›Bedingungsanalyse‹ erfaßt also nur *einen* möglichen Problemaspekt – will man die lerntheoretische Basis nicht überstrapazieren –, nämlich die nicht zu leugnende Steuerung relativ kleiner beobachtbarer Verhaltenseinheiten durch abgrenzbare Umgebungsereignisse. Sie erscheint uns nach wie vor angemessen und notwendig, wenn gleichzeitig der Versuch gemacht wird, diese Beschränkung im Auge zu behalten und durch die Beachtung anderer wesentlicher Bedingungen menschlichen Verhaltens zu überwinden.

Der vorliegende Ansatz schlägt eine erweiterte Betrachtung durch die Untersuchung aktiver, vermittelnder »innerer Prozesse« wie etwa Gedanken, bildliche Vorstellungen, Gefühle, sowie die Analyse größerer Verhaltenseinheiten und vielschichtiger Umwelteinflüsse vor. So wird die Analyse nicht mehr durch die Anwendung lerntheoretischer Modelle erschwert und in ihrer Komplexität unzulässig vereinfacht, sondern sie kann dadurch vielmehr eine sinnvolle Ergänzung erfahren.

Mit der Anwendung des Problemlöseansatzes wird nicht mehr zwangsläufig nur das beobachtbare Verhalten des Klienten zum Gegenstand der Analyse und Veränderung, ausgeschlossen ist dies aber nicht. In diesem Zusammenhang stellt sich die Frage, ob der *Verhaltensbegriff*, der inzwischen ein Vorverständnis im oben angedeuteten behavioristischen Sinn begünstigt, in einem erweiterten Konzept noch verwendet werden oder ob er durch Begriffe wie ›Tätigkeit‹ oder ›Handlung‹ ersetzt werden sollte, in denen der aktive und produktive Bezug des Individuums zur Umwelt bzw. die planvolle Regulation seiner Aktivitäten besser zum Ausdruck kommen. Diese Begriffe verweisen allerdings ihrerseits auf bestimmte Denkmodelle und theoretische Implikationen, die uns in ihrem jetzigen Entwicklungsstadium als Basis für die therapeutische Praxis noch nicht hinreichend ausformuliert erscheinen, um bereits direkt übertragen werden zu können. Zugleich ist *»Verhalten«* zumindest im alltäglichen Sprachgebrauch der umfassendste Begriff für alle möglichen Arten von Lebensäußerungen (vgl. Clauss et al., 1976), der nicht von vornherein planende Aktivitäten oder innere Prozesse ausschließen muß. Unser Verständnis von ›Verhalten‹ bezieht sich dementsprechend auf *Einheiten unterschiedlichsten Umfangs in ihren verschiedenen Modalitäten* wie: offen beobachtbare Verhaltensäußerungen, Affekte, Empfindungen, Vorstellungen und Kognitionen (vgl. z.B. Lazarus, 1976/1978). Wir wollen deshalb *den Begriff »Verhalten« beibehalten,* ihn allerdings *in diesem erweiterten Sinn* gebrauchen.

Auf dem Hintergrund dieses Verhaltensbegriffs erfolgt die Analyse des Problems auf *drei in hierarchischem Verhältnis stehenden Problemebenen:* auf der Ebene des konkreten »Verhaltens-in-Situationen«, auf der Ebene von Verhaltensregeln, -plänen und Oberplänen (vgl. Grawe, 1978; Semmer & Frese, 1979) und auf der Ebene von Systemregeln.

Auf der *Ebene des »Verhaltens-in-Situationen«* wird eine Beschreibung und Erklärung konkreten Verhaltens in konkreten Situationen vorgenommen. Diese Herangehensweise kann als Erweiterung der funktionalen Verhaltensanalyse, wie sie von Kanfer & Saslow (1965) und Schulte (1974) vorgeschlagen wird, verstanden werden (vgl. auch Zaumseil, 1977).

Auf der zweiten Ebene sollen dann umfassendere vermittelnde innere Prozesse, nämlich übergeordnete verhaltenssteuernde Regeln und Pläne des Individuums in die Analyse einbezogen werden. Hierbei sollen problembedingende Faktoren auch auf der entsprechenden *Beschreibungsebene von Regeln und Plänen* identifiziert und beurteilt werden. Wir betrachten die von uns vorgeschlagenen Beurteilungskriterien als einen ersten heuristischen Versuch ohne Anspruch auf Vollständigkeit. Das Gesagte gilt in gleicher Weise für die Analyse des Problems auf der *Ebene von Systemregeln:* Hier sollen die Problembedingungen herausgearbeitet werden, die aus den sozialen Systemen, in denen der Klient lebt, und aus den dort vorherrschenden Regeln resultieren.

»Identifizierter Klient«

Die Bezeichnung ›identifizierter Klient‹ (id. Kl.) meint die von ihrer Bezugsgruppe zunächst als Symptomträger definierte Person. Wir benutzen diesen Begriff im folgenden – bewußt vorläufig – ebenfalls für die Person, deretwegen der Berater oder Therapeut herangezogen wird.

Dabei soll die Bezeichnung *›Klient‹* im Gegensatz zu ›Patient‹ verdeutlichen, daß diese Person nicht als Kranker im medizinischen Sinne gesehen werden soll. Auf seiten des Klienten soll Erwar-

tungshaltungen entgegengewirkt werden, eine Behandlung zu erwarten, wie sie der Mediziner bei somatischen Erkrankungen durchführt.
Der Zusatz *›identifizierter‹* Klient wird deswegen gewählt, weil zu Beginn einer Beratung oder Therapie nicht feststeht, ob derjenige, der sich vorstellt oder vorgestellt wird, tatsächlich der eigentliche Problemträger ist. Erst während der weiteren Analyse des Problems sollte entschieden werden, wer unter den Beteiligten das Problem hat oder ob es evtl. in der Interaktion mehrerer Personen zu sehen ist (s. dazu besonders familien- und kommunikationstherapeutische Ansätze wie z. B. Minuchin, 1977, oder Selvini-Palazzoli u. a., 1977).

Funktion und Handhabung des Leitfadens

Der Leitfaden zur Problemanalyse und Planung des therapeutischen Veränderungsprozesses ist in seiner Hauptfunktion als eine *Anleitung zur Informationsverarbeitung* zu verstehen.
Die hier auszuwertenden Informationen sind dabei nicht nur den verbalen Berichten des Klienten zu entnehmen, sondern je nach individueller Problematik müssen andere Quellen herangezogen werden, etwa: Fragebögen und Tests, Fremdbeobachtungen im jeweiligen Alltagskontext, Selbstbeobachtungen durch den Klienten (Diagramme usw.), aber auch Berichte und Beobachtungen von Bezugspersonen.
Die problemrelevanten Informationen können mit Hilfe des Leitfadens strukturiert, analysiert und die gefundenen Erkenntnisse für den gemeinsamen Problemlöseprozeß verwertet werden. Hierbei sind *verschiedene Vorgehensweisen* vorstellbar: Es werden entweder Informationen über längere Prozeßphasen hinweg gesammelt und in einer umfassenderen Problemanalyse ausgewertet oder es findet nach jeder Sitzung eine Betrachtung des soeben gelaufenen Therapieabschnittes mit Hilfe des Leitfadens bzw. der Kurzfassung statt, etwa in Form eines entsprechend erweiterten strukturierten Protokolls oder einer sich an einen Verlaufsbericht anschließenden Reflexion.
Der Leitfaden kann zum andern benutzt werden als *Orientierungshilfe* für das Vorgehen in den Therapiesitzungen. Sein Aufbau folgt den Phasen, die für den Prozeß des Problemlösens immer wieder herausgestellt wurden. Die einzelnen Fragen sind dabei als durchaus ergänzungsbedürftige Anregungen zu verstehen, das Problem in einem möglichst umfassenden Rahmen zu betrachten. Sie müs-

sen keineswegs starr und in der im Leitfaden aufgeführten Reihenfolge behandelt werden. Es ist auch nicht sinnvoll, in jedem konkreten Einzelfall alle aufgeführten Aspekte zu erfassen oder in gleicher Gewichtung zu behandeln.
Zur *Handhabung* des Leitfadens ist anzumerken, daß dieser in zwei verschiedenen Fassungen vorliegt. Zum besseren Verständnis für die vorgeschlagene Art der Therapiestrukturierung mußte er notwendigerweise relativ breit und inhaltlich detailliert angelegt werden. Um andererseits die angestrebte Ökonomie in der praktischen Anwendung zu erreichen, wurde eine *Kurzfassung* erstellt. Je nach Vertrautheit mit dem Konzept, Komplexität des Problems und zeitlichen Möglichkeiten kann der Praktiker die relativ ausführlichen Stichpunkte der rechten Spalte der Kurzfassung heranziehen oder die mittlere bzw. linke Spalte als gröbere Strukturierungshilfe benutzen.

II. Ein Leitfaden zur Problemanalyse und Planung des therapeutischen Veränderungsprozesses

Wir setzen mit den Ausführungen zu unserem Prozeßmodell bei der Situation ein, die im allgemeinen Verständnis immer noch als üblicher Ausgangspunkt klinisch-psychologischer Tätigkeit gilt: Eine Person, die sich in psychischer, gesundheitlicher oder sozialer Hinsicht beeinträchtigt sieht bzw. von anderen so wahrgenommen wird, sucht einen professionellen Therapeuten oder eine Institution der psychosozialen Versorgung auf bzw. wird dorthin geschickt, um Unterstützung und Beratung für ihre Probleme zu erhalten. Von den Betroffenen werden diese Probleme in der Regel zunächst als rein individuelle angesehen; nur selten kommen gleich von vornherein mehrere Personen zusammen zur Beratung, etwa Partner oder Familien, die ein Problem schon als gemeinsames erkannt haben.

Gesundheitspolitische und institutionelle Bedingungen sowie persönliche Voraussetzungen auf seiten der Therapeuten und der Klienten für eine solche, in vieler Weise eingeschränkte und selektive Arbeitsweise sind in den letzten Jahren stärker – besonders im Hinblick auf die damit verbundenen Zielvorstellungen und Auswirkungen auf die psychosoziale Versorgung – problematisiert worden (vgl. z. B. Dörner, 1975; Keupp & Zaumseil, 1978). Die folgenden Darstellungen beziehen sich jedoch – unter anderem aus Gründen der Übersichtlichkeit und Klarheit der Strukturierung – weitgehend auf die obengenannte Variante klinisch-psychologischer Praxis. Dabei soll allerdings die Anwendbarkeit unseres Konzeptes auch im Zusammenhang mit grundsätzlich alternativen Ansätzen möglichst offen gehalten und zumindest der Versuch gemacht werden, einige der dort neu entdeckten kritischen Aspekte mit einzubeziehen.

1. Problemstellung – ›Worum geht es überhaupt‹

1.1. Erste Orientierung über die Problematik

Zu Beginn des diagnostisch-therapeutischen Prozesses steht der Therapeut vor der Aufgabe, einen ersten Überblick über die aktuellen Probleme zu gewinnen, wegen derer der Klient ihn oder die betreffende Institution aufgesucht hat.

In der Regel findet schon im Anmeldungsgespräch eine kurze *Bestandsaufnahme* statt, die dann im ersten längeren Kontakt erweitert und vertieft werden kann. Das Vorgehen wird sich dabei in den meisten Fällen zunächst an Schilderung und Sichtweise des Klienten orientieren.

In dieser Anfangsphase geht es für Therapeut und Klient um eine zumindest vorläufige Verständigung darüber, ob eine Zusammenarbeit stattfinden soll, und wenn ja, mit welchen Inhalten und innerhalb welcher Rahmenbedingungen. Bereits in diesem Zeitabschnitt werden – oft unbemerkt – grundlegende Voraussetzungen für die weitere Interaktion zwischen den Beteiligten geschaffen (vgl. z. B. Kaminski, 1970, S. 235 ff.; Haley, 1978, S. 20 ff.).

Bevor Therapeut und Klient sich detaillierter mit einem ausgewählten Problem oder Problemaspekt befassen, sollte gewissermaßen als Ausgangsbasis der bisherige Informationsstand in alltagssprachlicher Formulierung kurz skizziert werden. Ein Beispiel mit Angaben aus einem Anmeldegespräch soll verdeutlichen, daß eine solche relativ frühe Zusammenfassung, auch wenn sie noch sehr allgemein und lückenhaft erscheint, schon einen ersten Eindruck über die Problematik und ihre Bedeutung für den oder die Betroffenen vermitteln kann:

Frau F., 22 J., Erzieherin im Kindergarten in R., kommt wegen Kontaktschwierigkeiten, Minderwertigkeitsgefühlen und Gewichtsproblemen (1,60 m; 75 kg). Die Klientin leidet in verschiedenen sozialen Situationen unter starker Angst, wegen ihrer Figur aufzufallen oder abgelehnt zu werden: Zusammensein mit Kolleginnen, Kontakte mit ›Kindergarteneltern‹, Wege

und Erledigungen in der Stadt und in Geschäften, Kirchenbesuch, Theater. Sie geht selten aus, beteiligt sich kaum an Gesprächen, nimmt an, daß andere ihr Äußeres abstoßend finden und sie nicht akzeptieren. An ihrer Arbeitsstelle kapselt sie sich von Kolleginnen ab; die Arbeit in der Kindergruppe macht ihr allerdings Freude. In der Freizeit bleibt sie meist allein zu Hause, fühlt sich dort einsam, grübelt viel, steigert sich in Depressionen hinein und ißt dann auch besonders viel und unkontrolliert.
Probleme begannen in der Pubertät, wurden ihr verstärkt bewußt mit Berufsbeginn und Umzug nach R. vor vier Jahren. Sie hat seit zwei Jahren einen Freund in K., den sie als ebenfalls kontaktarm und schüchtern beschreibt. Beide sehen sich nur am Wochenende. Anlaß für die Anmeldung: Sie las gestern einen Zeitungsartikel über die Arbeit der Psychologischen Beratungsstelle.

In vielen Fällen, vor allem, wenn es sich um eine umfassende oder schon sehr lange bestehende Problematik handelt, ist es angebracht, sich vor dem Einstieg in die systematische Problemanalyse einen *allgemeinen Überblick über die Lebenssituation und die persönliche Entwicklung* des identifizierten Klienten zu verschaffen. Dies geschieht häufig durch *Fragebögen,* die es in unterschiedlicher Ausführlichkeit für verschiedene Klientengruppen gibt, beispielsweise für Eltern mit Erziehungsproblemen, für jugendliche und erwachsene Einzelklienten oder für Partner mit Konflikten im Zusammenleben; eine Zusammenstellung findet sich z. B. bei Schmidt & Keßler (1976), Kemmler & Echelmeyer (1978, S. 634 ff.) und bei Sachse (1979). Sie können Aufschluß geben über biographische Besonderheiten, die allgemeine familiäre und finanzielle Situation, Ausbildungs- und Berufsentwicklung, über Interessen, Krankheiten, Konflikte und Veränderungswünsche. So erübrigt sich zu einem Teil die oft ziemlich aufwendige Erhebung dieser weitgestreuten Informationen in einer Exploration: das Gespräch kann sich um so eher auf die wesentlichen Aspekte der aktuellen Problematik konzentrieren und dabei doch den sozialen Entstehungszusammenhang miteinbeziehen.
Die Frage, ob und wenn ja, an welcher Stelle solche und auch weitere Fragebögen zu speziellen Problembereichen (wie z. B. zur Erfassung von Ängsten, sozialer Unsicherheit, Depression) und andere psychodiagnostische Verfahren sinnvoll eingesetzt werden können, muß unter Berücksichtigung der jeweiligen Problemstellung und nicht zuletzt auch der Vertrautheit des Klienten im Umgang mit schriftlichem Material immer wieder neu überlegt werden.
Häufig hat der Therapeut auch schon Vorinformationen von Bezugspersonen oder Institutionen, wenn diese sich um Behand-

lungsmöglichkeiten für den identifizierten Klienten bemüht haben, oder er hat die Erlaubnis des Klienten, Material aus einer früheren Therapie einzusehen. Für die nun anstehende Konzeptualisierung und Reflexion der Problemstellung und auch für den weiteren Verlauf sollten möglichst *alle relevanten Vorinformationen,* über die der Therapeut bis zu diesem Zeitpunkt verfügt, zusammenfassend festgehalten werden, so daß er jederzeit wieder darauf zurückgreifen kann.

1.2. Konzeptualisierung und Reflexion der Problemstellung – *›Nicht gleich auf dem ersten Gleis abfahren‹*

Wir schlagen vor, die bisherigen Informationen möglichst bald zu strukturieren und in eine vorläufige Ordnung zu bringen. Gegebenenfalls müssen Problembereiche erst einmal voneinander abgegrenzt und ihr Verhältnis zueinander geklärt werden, damit die Auswahl eines ersten Arbeitsschwerpunktes für die nächste Zeit in sinnvoller Weise getroffen wird.

1.2.1. Erste Strukturierung und Abgrenzung der Problembereiche

Einige Beispiele sollen die Schwierigkeiten illustrieren, die sich hier bei verschiedenen ›Problemkonstellationen‹ ergeben können:

- Am einfachsten erscheint das weitere Vorgehen, wenn der Klient ein *einziges, engumschriebenes Problem* lösen will und in allen anderen Lebensbereichen allein zurechtkommt. Dieser Fall ist allerdings recht selten.

Eine Klientin hat eine klar umgrenzbare Angst vor Fröschen und Ungeziefer. Sonst ist sie nicht besonders ängstlich; andere Probleme, die damit im Zusammenhang stehen könnten, haben sich aus den bisherigen Informationen nicht ergeben.

- Häufig werden schon im ersten Gespräch *mehrere Probleme nebeneinander* als behandlungsbedürftig genannt:

  Ein Klient meldet sich zur Therapie an, weil er große Arbeitsschwierigkeiten hat. Dies ist der Hauptgrund für ihn, aber er möchte bei dieser Gelegenheit auch etwas gegen seine sexuellen Probleme unternehmen.

- Schon nach kurzer Zeit kann sich herausstellen, daß das zuerst angesprochene Problem zu vage und zu allgemein beschrieben war und daß es sich eigentlich *aus mehreren verschiedenen Einzelproblemen* herleitet:

  Eine Klientin kommt wegen »Depressionen« zur Therapie. Aus den Angaben zum Auftreten und zum Inhalt der depressiven Verstimmungen wird deutlich, daß sie in ihrem Kontaktverhalten und in ihrem Leistungsverhalten stark beeinträchtigt ist und daß außerdem enorme Konflikte mit dem Partner und den Eltern bestehen.

- Im Verlauf der ersten Gespräche wird manchmal schon deutlich, daß die *Beeinträchtigung* des identifizierten Klienten *viel weitreichender* ist *als zu Beginn angenommen:*

  Ein Klient meldet sich wegen Schlafstörungen beim Therapeuten an; er ist der Meinung, daß er nur den »richtigen Dreh« zum Einschlafen finden müsse. Erst später wird klar, daß er beruflich unter starkem Streß steht und inzwischen eine ernstzunehmende Alkohol- und Tablettensucht entwickelt hat.

- Schließlich besteht die Möglichkeit, daß sich die *ursprüngliche Definition* des Problems sehr bald *verschiebt* und damit evtl. auch die Forderung nach einer Veränderung nicht mehr an den identifizierten Klienten, sondern an andere Beteiligte gerichtet werden muß:

  Ein Kind wird in der Beratungsstelle vorgestellt, weil es in letzter Zeit in der Schule sehr unregelmäßige Leistungen erbringt. Nachts hat es oft Angstträume und schreckt auf. Die Mutter vermutet selbst einen Zusammenhang damit, daß der Vater immer häufiger nachts betrunken nach Hause kommt und dann laute, aggressive Auseinandersetzungen mit seiner Frau beginnt.

Die Einschätzung des *Verhältnisses der Probleme zueinander* kann an dieser Stelle nur eine vorläufige sein (siehe dazu auch 2.6.1. – Zusammenhänge).

Die genannten Beispiele, vor allem das letzte, zeigen, daß Klient und Therapeut zunächst ein gemeinsames Problemkonzept entwikkeln müssen, um dann eine Entscheidung darüber zu treffen, welches Einzelproblem oder welcher Problemaspekt an erster Stelle zur weiteren Bearbeitung ausgewählt werden soll.

1.2.2. Auswahl eines Problems, Konzeptualisierung und Reflexion der Problemstellung

Jaeggi (1979) kritisiert in Anlehnung an Seidel (1976), daß bei der Anwendung des Problemlöseansatzes bisher die *Reflexion des Prozesses der Problemstellung* stark vernachlässig wurde. Sie schlägt vor, die subjektiven und objektiven Bedingungen, die dazu führen, daß sich dem Klienten das Problem jetzt und in seiner ganz persönlichen und spezifischen Art und Weise stellt, mit ihm gemeinsam zu untersuchen; das Problem soll also nicht als »bereits gestelltes« einfach übernommen werden. Eine solche Reflexion könnte schon an dieser Stelle des Prozesses Fragen einbeziehen, die wir im Zusammenhang mit der Analyse von Plänen, Systemregeln und mit der Zielanalyse stellen (vgl. 2.2., 2.3. und 3.1.).
Für die zeitliche Abfolge der in den folgenden Abschnitten angesprochenen, sehr eng miteinander zusammenhängenden Überlegungen und Entscheidungen zur *Problemfindung* lassen sich kaum eindeutige Hinweise geben. Die *Auswahl des ersten Problems* geschieht häufig unter dem Aspekt der Dringlichkeit, da viele Klienten sich erst bei kritischer Zuspitzung ihrer Lage um eine Therapie bemühen. Für Klient und Therapeut besteht dann ein erhöhter Handlungsdruck zur schnellen Suche nach Lösungen. Der Therapeut sollte sich allerdings diesem Druck nicht einfach unreflektiert unterwerfen, sondern – bei allem Engagement – auch kritische Distanz bewahren: also nicht nur das mit einer Krise gegebene Risiko sehen, sondern auch die darin enthaltenen Chancen für eine grundlegende Veränderung der Situation des Klienten nutzen.
Für eine sinnvolle Entscheidung im Einzelfall können u.a. folgende *Kriterien zur Orientierung* hilfreich sein:
- Subjektive Beeinträchtigung und Belastung des Klienten (vgl. auch 3.1.1. – Bewertung)
- Äußerer Druck und mögliche negative Folgen eines Aufschubs
- Erfolgsaussichten; evtl. Motivationsförderung durch Anfangserfolge
- Realisierbarkeit einer Therapie zum jetzigen Zeitpunkt und deren zeitliche Dauer
- Grad der ›Angstbesetztheit‹

– Funktionale Vor- bzw. Übergeordnetheit eines Problems (sogenanntes »Kernproblem«).

Entscheidet man sich an dieser Stelle für die Konzentration auf ein Problem bzw. einen Aspekt der Problematik, dann stellt sich die Frage, wie Klient und Therapeut mit den übrigen, zunächst ausgeblendeten Bereichen im weiteren Verlauf umgehen. Eine vollständige Analyse aller Probleme muß nicht notwendigerweise in jedem Fall und erst recht nicht immer schon vor den ersten Veränderungsschritten geleistet werden. Bei vielen Problemkonstellationen kann es durchaus sinnvoll sein, vor Abschluß der vollständigen Analyse mit Veränderungen in einem Problembereich zu beginnen und die Analyse der restlichen Problembereiche zunächst aufzuschieben und gegebenenfalls sukzessive zu vervollständigen (siehe dazu auch 2.6.1. – Zusammenhänge). Unter Umständen kann auch die Behandlung eines Bereichs die Bearbeitung der übrigen wenigstens zum Teil überflüssig machen, weil der Klient seine inzwischen entwickelten Problemlösefähigkeiten bereits auf andere Schwierigkeiten überträgt. Ist allerdings ein wechselseitiger funktionaler Zusammenhang der verschiedenen Probleme zu vermuten, empfiehlt sich eine möglichst baldige Analyse des gesamten Problemkomplexes. Allerdings sollte in jedem Fall vor Einführung einschneidender Veränderungsmaßnahmen zumindest für das betreffende Problem eine gründliche Analyse geleistet sein.

Der Stand der *Konzeptualisierung des schließlich ausgewählten Problems* wird davon abhängen, wie komplex und auf welcher Abstraktionsebene die Problematik bisher zur Sprache gekommen ist. Therapeut und Klient sollten unter Berücksichtigung der Meinung aller Beteiligten so früh wie möglich eine Einigung auf eine gemeinsame Problemdefinition suchen. Sie wird sich besonders schwierig gestalten, wenn die Sichtweisen bezüglich der Problemstellung sehr unterschiedlich sind, und dann erst Ergebnis einer länger dauernden Diskussion sein. Dabei kann allerdings schon sehr vieles für die Problemanalyse und Problemlösung geleistet werden.

So kann sich ein *Jugendlicher* in seiner Familie völlig unverstanden fühlen und darunter sehr leiden. Sein *Vater* empfindet ihn als widerspenstig, verwahrlost und macht seine Freunde für die Ladendiebstähle verantwortlich, während die *Mutter* glaubt, daß ihr Mann den Sohn mit seinem autoritären Verhalten aus dem Haus treibt. Der *Therapeut* dagegen vermutet, daß das ungeschriebene Gesetz der Familie, nach außen hin einen wohlgeordneten, harmonischen und geschlossenen Eindruck zu erwecken, entscheidend zur Entwicklung des Problems beigetragen hat.

Es ist also erforderlich, daß *alle Beteiligten*, der identifizierte

Klient, die relevanten Bezugspersonen und auch der Therapeut sich über ihre Sichtweise klar werden und diese – möglichst in einem gemeinsamen Gespräch – offenlegen und gegeneinander abwägen. Es versteht sich von selbst, daß die an dieser Stelle erreichten Konzeptualisierungen in der weiteren Analyse wiederholt überprüft und möglicherweise revidiert werden müssen.
Weiter ist zu überlegen, wie weit die vorgesehene gemeinsame Arbeit die Analyse und *Lösung bestimmter aktueller Probleme* zum Inhalt und Ziel hat und in welchem Verhältnis dazu die *allgemeine Verbesserung der Problemlösefähigkeiten* stehen soll. Beide Aspekte müssen wohl in den meisten Fällen als miteinander eng verbunden gesehen werden, wobei oft erst im Verlauf der Therapie eine zunehmende Beachtung des zweiten, eher übergeordneten Gesichtspunktes möglich ist. Aber auch schon bei der Bearbeitung eines konkreten Problems wird sich zeigen, wo spezifische Defizite des Klienten im Umgang mit seinen Problemen liegen. Diese können dann immer mehr zum eigentlichen Gegenstand der Behandlung werden, demgegenüber das Ausgangsproblem, gewissermaßen als Manifestation, eine sekundäre Bedeutung einnimmt.
Eine erste *Einführung des Klienten in das Konzept eines problemorientierten Vorgehens muß nicht unbedingt als einseitige ›Belehrung‹ stattfinden, sondern sie kann – implizit bereits durch die Art der Interaktion vorbereitet – geschehen, indem über Inhalte und allgemeine Ziele der Zusammenarbeit gemeinsam gesprochen wird (vgl. auch 3.1.2. – Motivation). In diesem Zusammenhang muß allerdings die Frage nach der Indikation* gestellt werden bzw. schon vorläufig beantwortet sein. Wenn die Problemlage hier noch völlig diffus ist oder wenn das Problem hauptsächlich in der Zielfindung besteht, ist es angezeigt, eine entsprechende therapeutische Methode – etwa einen klientenzentrierten Ansatz – zu wählen. Wir schlagen vor, das intendierte methodische Vorgehen auf jeden Fall – ausgenommen vielleicht bei der therapeutischen Verfolgung paradoxer Strategien – möglichst früh allen Betroffenen transparent zu machen, damit sie aktiv und selbstverantwortlich mitarbeiten können.

2. Analyse der Problemlage – ›Das Knäuel soll entwirrt werden‹

In der Konzeptualisierungsphase haben sich die Beteiligten auf eine gemeinsame Definition der Problemstellung geeinigt. Nun kann eine genauere Analyse des erwünschten Ausgangszustandes gelei-

stet werden unter Einbeziehung der defizitären Problemlösungsstrategien, die den identifizierten Klienten an der Erreichung der von ihm angestrebten Ziele hindern. Die Problemanalyse hängt von daher sehr eng mit der Zielanalyse (III) zusammen.
Wir schlagen vor, die Analyse der Probleme – wie schon im ersten Kapitel erläutert (vgl. S. 16) – auf drei in einem hierarchischen Verhältnis zueinander stehenden Problemebenen vorzunehmen. Auf der Ebene des Verhaltens-in-Situationen und der Ebene der Regeln und Pläne findet die *individuelle Analyse* statt. Die Betrachtung des *sozialen Kontextes* auf der Ebene der System-Regeln ergänzt die Analyse.

2.1. Ebene des Verhaltens-in-Situationen (V-i-S) – ›*Wie sieht das ganz konkret aus?*‹

Auf dieser Ebene betrachten wir das konkrete Verhalten einer oder mehrerer an den Problemen beteiligter Personen in problemrelevanten Situationen. Ziel der Analyse ist es, ein *funktionales Bedingungsmodell* zu erstellen, also Aussagen über die Art der Verhaltenssteuerung zu machen. Diese Aussagen haben den Charakter von *vorläufigen Hypothesen* (vgl. Schulte, 1974; Kanfer & Saslow, 1974; Zaumseil, 1977).
Die Darstellung erfolgt in zeitlich gegliederten *Verhaltensketten,* die die vorausgehenden, vermittelnden und nachfolgenden Bedingungen, sowie die Modalitäten des Verhaltens erfassen.
Bestehen die vorausgehenden und/oder nachfolgenden Bedingungen aus Verhalten von Interaktionspartnern, so kann es sinnvoll sein, auch für diese Personen Verhaltensketten zu erstellen.
Die Analyse auf der Ebene des V-i-S kann durch das Herausgreifen eines Verhaltens-Ausschnittes aus dem Verhaltens-Fluß u.U. künstlich erscheinen. Sie gibt aber in der Regel wertvolle Hinweise sowohl für die Hypothesenbildung auf höheren Analyse-Ebenen als auch für die Veränderungsplanung.

2.1.1. Auswahl des zu analysierenden Verhaltens

Anhand des Einzelfalles muß zuerst entschieden werden, welches Verhalten sinnvollerweise für die Analyse ausgewählt wird. Die Bestimmung dessen, was als Verhalten herausgegriffen und damit als *abhängige Variable* definiert wird, ist von der Interpunktion des Betrachters abhängig. Jede Verhaltensweise kann innerhalb eines Verhaltensflusses potentiell die Funktion einer abhängigen (AV) wie auch einer unabhängigen Variablen (UV) einnehmen. Im ersten Fall stellt sie das zu analysierende Verhalten dar. Unter einem anderen Betrachtungswinkel kann sie als vorausgehende, vermittelnde oder nachfolgende Bedingung für ein anderes Verhalten angesehen werden.

Aufgrund von Arbeitsüberlastung (UV) zeigt eine Mutter große Ungeduld (AV) bei der Überwachung der Hausaufgaben ihres Sohnes. Diese Ungeduld erhält als vorausgehende Bedingung für die schlechte Konzentration des Jungen (AV) die Funktion einer unabhängigen Variablen.

Bei einem Klienten kann es sinnvoll sein, das ›Erröten‹ in bestimmten Situationen zu analysieren, in einem anderen Fall dagegen die ›Angst vor dem Erröten‹.

Besteht das Problem darin, daß ein bestimmtes Verhalten *nicht* gezeigt wird, kann das in der Situation gezeigte Alternativ-Verhalten betrachtet werden.

Eine depressive Frau beteiligt sich nicht an den Familienaktivitäten. Hier könnte das Verhalten ›stumm in einer abgelegenen Ecke sitzen‹ analysiert werden, auch selten gezeigte Versuche, das gewünschte Verhalten zu zeigen, und/oder das Verhalten eines oder mehrerer Familienmitglieder, während die identifizierte Klientin im Zimmer ist.

Bei der weiteren Analyse oder während des Veränderungsprozesses kann sich die anfängliche Auswahl des Verhaltens allerdings als ungünstig erweisen und muß dann *revidiert* werden.

2.1.2. Hypothesen zum funktionalen Bedingungsmodell

Im funktionalen Modell werden Hypothesen darüber erstellt, welche Bedingungen das Problem-Verhalten beeinflussen.

a) Bestimmungsstücke des funktionalen Bedingungsmodells

Als Bestimmungsstücke des funktionalen Modells sind nur solche Bedingungen aufzuführen, die für die *Steuerung des Verhaltens* von Bedeutung sind. Neben der einfachen Auflistung werden *Hypothesen über die Art ihrer Auswirkungen* auf das Problem erstellt (nähere Erklärung s. S. 34 f.):

- (zeitlich unmittelbar) *vorausgehende* Bedingungen: alle Merkmale der Situation (S)
- *vermittelnde* Bedingungen: Erwartungen des Handelnden (E), Organismusbesonderheiten (O)
- *Modalitäten des Verhaltens:* motorische (Vm), emotionale (Ve), kognitive (Vk), physiologische (Vph) Modalität
- *nachfolgende Bedingungen* (Konsequenzen): kurzfristige (zeitlich unmittelbar nachfolgende) Konsequenzen (Kk), langfristige Konsequenzen (Kl)
  Nicht in jedem Bedingungsmodell müssen verhaltenssteuernde Konsequenzen gefunden werden.

Bei der Zuordnung von Informationen zu den Bestimmungsstükken des funktionalen Bedingungsmodells können Abgrenzungsprobleme auftreten. So ist z. B. nicht immer entscheidbar, ob bestimmte Gedanken als ›Erwartungen‹ (vermittelnde Bedingung) oder als ›kognitive Modalität des Verhaltens‹ klassifiziert werden sollen. Hier ist jeweils zu entscheiden, was im Rahmen des Problems im Mittelpunkt steht.

b) Charakteristiken des Verhaltens

Hier soll eine Analyse der Intensität, der Frequenz und der Verlaufscharakteristiken vorgenommen werden:

- *Intensität:* auf einer Skala des *›subjektiven Unbehagens‹* kann das Verhalten, z. B. die Angst eines Klienten oder die Belastung, die ein Problem für einen oder mehrere der Beteiligten bedeutet, eingeschätzt werden. Die Skala kann von 0 (absolutes Wohlbefinden) bis 100 (absolutes Unbehagen) reichen.
- *Frequenz:* die Häufigkeit des Verhaltens kann für eine frei zu wählende Zeiteinheit (Woche, Tag usw.) erfaßt werden. Hierzu sollte eine Grundlinienerhebung erfolgen (baseline). Tritt das Verhalten nicht regelmäßig auf, wird die Frequenz für jede Bedingungskonstellation erfaßt.
- *Verlaufscharakteristiken:* nicht alle Komponenten des Verhaltens treten gleichzeitig und nach dem Alles-oder-Nichts-Prinzip auf. Solche Charakteristiken können Hinweise für die Veränderungsplanung geben.

  Ein ›herzneurotischer‹ Angstanfall beginnt mit Hitzewallungen, Handschweiß und rasendem Herzklopfen, danach setzt ein Ring-Gefühl in der Brust mit Atemnot und Angstgefühlen ein. Es folgt kurze Zeit später ein anhaltendes Übelkeitsgefühl, das auch noch etwa eine Stunde nach Abklingen der anderen Symptome bestehen bleibt.

  Besonders wichtig ist eine solche Analyse bei Verhalten mit starken physiologischen Komponenten.

Wir schlagen vor, die vorausgehenden und vermittelnden Bedingungen dahingehend zu differenzieren, wie häufig bzw. in welcher Erscheinungsform das Verhalten bei ihrer Anwesenheit auftritt. Unterschieden werden kann:

- unter welchen Bedingungen tritt das Verhalten *häufig* bzw. selten auf?
  immer
  häufig (in wieviel % der Fälle)
  selten (in wieviel % der Fälle)
  gar nicht (welches Verhalten tritt dann auf?)

Abb. 1: Bestimmungsstücke des funktionalen Bedingungsmodells

S

S = die für das Verhalten wichtigen *Merkmale der Situation.* Es sollen *hier* keine *allgemeinen* Situationsbeschreibungen verwandt werden, z. B. für das Auftreten der Angst bei einem (identifizierten) Kl. während einer Busfahrt sind folgende Bedingungen bedeutsam: mehr als 20 Mitfahrer, Stehplatz, automatisch schließende Türen, Wärme, geschlossene Fenster, lange Fahrzeiten zwischen den einzelnen Stationen – es reicht hier nicht einfach ‚Bus' als Situationsbeschreibung aus.

Unter ‚S' können folgende Merkmale einer Situation verstanden werden:

- **physikalische Merkmale**
- **Anwesenheit von Personen**
- **Verhalten von Personen**
  (vorhergehendes) Verhalten des Kl. selbst

und deren Bewertung z. B. als bedrohlich.

E

E = *Erwartungen* des (identifizierten) Kl., so wie sie für das Verhalten und dessen Erleben wichtig sind.

Diese Erwartungen können sich beziehen auf:

- **das eigene Verhalten:** welches eigene Verhalten wird erwartet,
  ist etwas bedrohlich an dieser Reaktion:
  zu klären ist, ob diese Erwartungen zutreffend sind.
- **die Konsequenzen:** welche Konsequenzen werden erwartet,
  wie werden sie eingeschätzt (pos./neg.):
  zu klären ist, ob die Erwartungen zutreffend sind.
- **angenommene Erwartungen anderer Personen:** gibt es Erwartungen über Erwartungen anderer:
  zu klären ist, ob diese zutreffend sind.
- *Standards bezüglich des eigenen Verhaltens:* welche Standards sind vorhanden (Sollwert),
  was traut sich der Kl. tatsächlich zu (angenommener Istwert),
  Bewertung evtl. Abweichungen (Sollwert – angenommener Istwert).

O = *Bedingungen des Organismus,* die für das Problem von Bedeutung sind. Dabei wird es hauptsächlich um Besonderheiten bzw. Abweichungen von der normalen FUNKTION des Organismus gehen.
Bestehen Unklarheiten darüber, ob Abweichungen bestehen bzw. welche Auswirkungen sie auf das Problem haben können, sollten diese Fragen unbedingt in Zusammenarbeit mit einem (Fach-)Arzt geklärt werden. Bei dieser Variablen ist zu denken an:

- **genetisch-biologische Funktionsstörungen:** z. B. Stoffwechselstörungen, minimale cerebrale Hirnschäden, Beeinträchtigung von Sinnesorganen.
  eingefahrene psychophysische Reaktionsmuster: Herzfrequenzentregelungen, vermehrte Magensäureproduktion usw.
- **Drogeneinwirkungen: aktuelle** – Alkohol, Nebenwirkungen von Medikamenten, **überdauernde** – Folgen von Alkohol-Abusus usw.
- **momentane Bedingungen:** Kopfschmerzen, Ermüdung usw.
- **erworbene Defizite:** umweltbedingte Entwicklungsrückstände, nicht altersgemäße Sprachentwicklung usw.

V = *Verhalten:* Vm = **motorische Modalität,** beobachtbares Verhalten
Ve = **emotionale Modalität,** subjektives Erleben und Fühlen des Kl.
Vk = **kognitive Modalität,** Gedanken einschl. bildhafter Vorstellungen
Vph = **physiologische Modalität,** körperliche Reaktionen

Die für das Problem besonders wichtigen Modalitäten können durch Unterstreichungen hervorgehoben werden. Daraus können sich später Hinweise auf Ansatzpunkte der Verhaltensänderung ergeben.

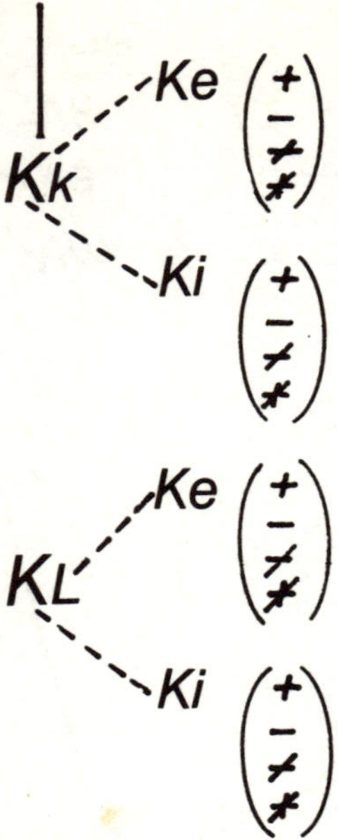

K = Die *Konsequenzen* können nach drei Gesichtspunkten unterteilt werden:

1. dem Zeitpunkt (s. o.):
   - Kk = **(zeitlich) kurzfristige Konsequenzen,** die in der Regel verhaltenssteuernd sind
   - Kl = **langfristige Konsequenzen,** die nur im Falle der Selbstkontrolle verhaltensbestimmend sind
2. dem Entstehungsort:
   - Ke = **externe Konsequenzen:** aus der Umwelt oder durch andere Personen
   - Ki = **interne Konsequenzen:** Selbstbewertungen, Erleben, physiologische Reaktionen (hier ist auch die Attributionsrichtung zu beachten)
3. der Qualität:
   - K+ = Setzen, Eintreten einer positiven Konsequenz (Belohnung, **positive Verstärkung)**
   - K⍭ = Wegfall einer antizipierten negativen Konsequenz oder Wegfall eines vorher bestehenden negativen Zustandes **(negative Verstärkung)**
   - K− = Setzen, Eintreten einer negativen Konsequenz **(Bestrafung)**
   - K∗ = Wegfall einer antizipierten positiven Konsequenz oder Wegfall eines vorher bestehenden positiven Zustandes **(Bestrafung)**

Über die Aufzählung aller Konsequenzen hinaus sollen die als *verhaltensbestimmend* angenommenen Konsequenzen umrahmt werden.
Konsequenzen wirken häufig in Form von Erwartungsveränderungen auf die vermittelnden Bedingungen zurück, z. B. in Form von Veränderungen der Selbstbewertung. Über diese Auswirkungen sollten Hypothesen erstellt werden.

- unter welchen Bedingungen tritt das Verhalten in besonders *intensiver* Form auf, wann abgeschwächt?
- unter welchen Bedingungen tritt das Verhalten mit speziellen *Verlaufscharakteristiken* auf?

Auf diese Weise können dann für das Auftreten des Verhaltens ›*erleichternde*‹ und ›*erschwerende*‹ Bedingungen unterschieden werden.

c) *Verhaltensketten*

Die vorher aufgeführten Bestimmungsstücke werden in Form von *zeitlich* gegliederten Verhaltensketten veranschaulicht. Dabei kann nach folgendem Grundmuster vorgegangen werden:

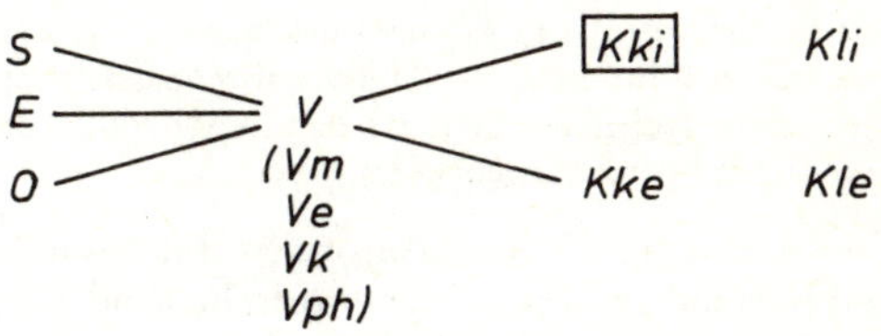

Abb. 2: Schematische Verhaltenskette

In einer solchen Kette brauchen nur die für die Verhaltenssteuerung bedeutsamen Bestimmungsstücke aufgeführt werden.
Werden mehrere *Interaktionspartner* in die Darstellung einbezogen:

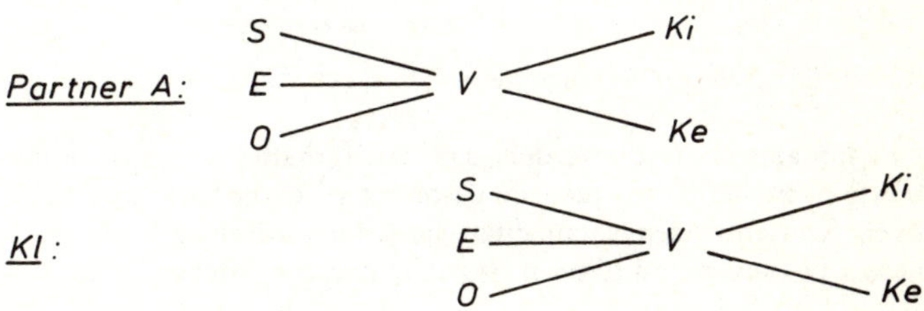

Abb. 3: Schematische Verhaltenskette einer Zweierinteraktion

Zeitlich aufeinanderfolgendes Verhalten kann folgendermaßen dargestellt werden:

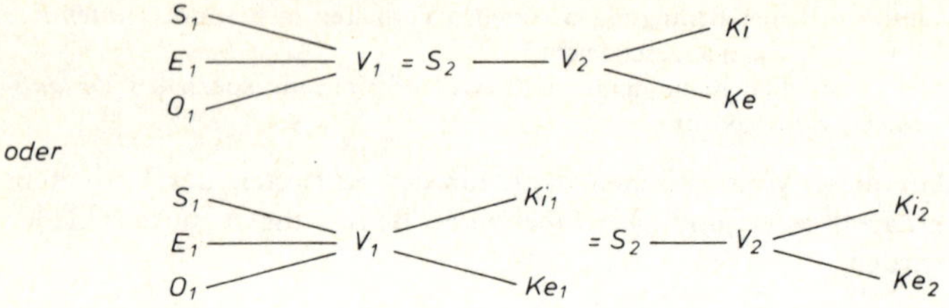

Abb. 4: Schematische Verhaltenskette aufeinanderfolgender Verhaltensweisen

Ein Beispiel für eine Verhaltenskette:

Eine Studentin fühlt sich nicht in der Lage zu arbeiten. Wenn sie sich an ihren Schreibtisch setzt und ein Lehrbuch aufschlägt, schweifen ihre Gedanken sofort ab. Sie wirft dann jedesmal das Buch in die Ecke und sagt sich: ›Was bin ich doch für ein armes Ding, warum passiert immer gerade mir so etwas‹. ›Zum Ablenken‹ geht sie dann spazieren, liest in einem Roman oder tut irgend etwas Angenehmes.

Als Verhalten wurde für die Analyse ausgewählt: ›Wirft Bücher in die Ecke und hört auf zu arbeiten‹ (motorische Modalität).
Es ergab sich folgende Verhaltenskette:

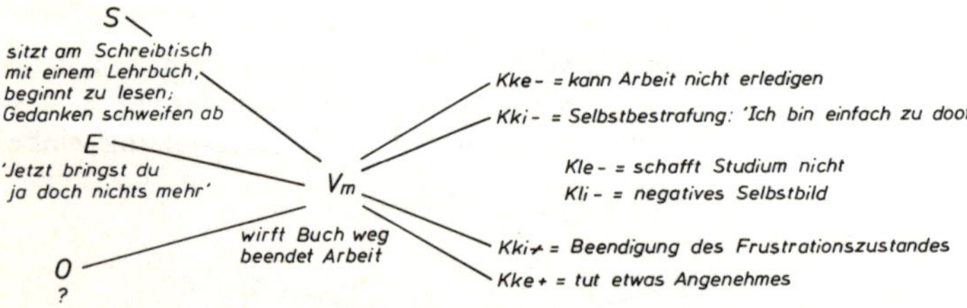

Abb. 5: Beispielhafte Verhaltenskette

Es kann angenommen werden, daß das Verhalten durch die kurzfristig positiven Konsequenzen gesteuert wird, die langfristig negativen Konsequenzen veranlaßten sie jedoch zu einer Suche nach neuen Lösungen und führten sie in die Beratungsstelle.

2.1.3. Klassifikation problematischen Verhaltens

Auf dieser Ebene lassen sich grundsätzlich vier Arten von Verhaltensweisen unterscheiden.

- Verhalten, das vor allem durch die *vorausgehenden und vermittelnden* Bedingungen gesteuert wird

S und/oder
E und/oder
O
(Hier besteht eine Analogie zum Paradigma der klassischen Konditionierung.)

- Verhalten, das vor allem durch die *Konsequenzen* gesteuert wird:

  positive oder *negative (Selbst-)Verstärkung* für *unangemessenes* Verhalten (Ke, Ki, K+, K≁)
  (Selbst-)*Bestrafung* oder *Löschung* von *angemessenem* Verhalten (Ke, Ki, K✱, K−)
  fehlende (Selbst-)Verstärkung für *angemessenes* Verhalten.

  Wird das Verhalten allein durch die Konsequenzen gesteuert, kann von operantem Verhalten gesprochen werden.
- Verhalten, das durch *Modellwirkung* gesteuert und aufrechterhalten wird
- Verhalten, das durch *Einschränkung des Wissens- und/oder Verhaltensrepertoires* entsteht.

  Ein 14jähriger Junge entwickelt starke Ängste beim Onanieren, da er befürchtet, geisteskrank zu werden.
  Ein 5jähriges Mädchen beteiligt sich im Kindergarten nie an Gruppenspielen, weil es bisher kaum Kontakt mit Gleichaltrigen hatte.

2.2. Ebene der Regeln und Pläne – *›Jetzt vergrößert sich das Blickfeld‹*

Wir gehen davon aus, daß menschliches Verhalten nicht nur durch die auf der Ebene des Verhaltens-in-Situationen besprochenen Variablen, sondern auch durch *›übergreifende innere Prozesse‹* gesteuert wird (Volpert, 1974; Hacker, 1973; im klinischen Bereich s. Ellis, 1962; Beck, 1978; Meichenbaum, 1975; Mahoney, 1977; Semmer & Pfäfflin, 1978). Diese inneren Prozesse und die ihnen zugrundeliegenden Mechanismen werden von den unterschiedlichen theoretischen Richtungen jeweils verschieden gesehen.
Die in diesem Kapitel behandelten Aspekte der Verhaltenssteuerung und Handlungsregulation lehnen sich weitgehend an die Tätigkeits- und Handlungspsychologie an. Der Mensch wird als aktiv Handelnder begriffen, der verändernd in seine Umwelt eingreift und so in ständiger Wechselwirkung mit ihr steht.

Historisch gesehen handelt es sich bei dieser theoretischen Richtung um relativ alte Ansätze (Klemm, 1954; Buytendijk, 1956; Leontjew, 1973), die in letzter Zeit – angeregt durch die Arbeiten von Miller, Galanter &

Pribram (1960) – gerade im deutschsprachigen Raum wieder in den Vordergrund getreten sind (Volpert, 1974; Hacker, 1973; Thomas, 1976; Fuchs, 1976). Dabei liegt das Schwergewicht der Betrachtung und besonders der empirischen Überprüfung jedoch meist auf der (Mikro-)Analyse der sensumotorischen Regulation. Aussagen über höhere Regulationsebenen bleiben weitgehend spekulativ.
Gerade an diesem Punkt ergeben sich dann auch Probleme bei der *Übertragung* der Ansätze auf den Bereich der Analyse von (im weitesten Sinne sozialen) Problemen, bei denen die sensumotorische Regulation nur eine untergeordnete Rolle spielt. Hier ist die Betrachtung auf einer viel höheren Abstraktionsebene gefordert, sowie die Übertragung der Aussagen auf einen Problembereich, mit dem sich auch die Literatur zum Problemlösen – wenn überhaupt – nur am Rande beschäftigt (Dörner, 1975; Seidel, 1976).
Aufgrund des veränderten Anwendungsbereichs erhalten die verwendeten Begriffe wie ›Regeln‹, ›Pläne‹, ›Strategien‹ bei uns teilweise spezielle Bedeutungen, die nicht immer mit denen in den Originalarbeiten übereinstimmen.

Vorausgeschickt sei noch, daß wir die Konzepte ›Pläne‹ und ›Regeln‹ eher als *gedankliche Strukturierungshilfen* für Therapeut und Klient verstehen und nicht als Entitäten, die es zu suchen und zu finden gilt (s. auch Fiedler, 1979).
Den *Vorteil* einer Analyse von Regeln und Plänen sehen wir darin, daß Probleme in einem *größeren Planungs- und Handlungszusammenhang* betrachtet und längerfristige Motivationen und übergeordnete Ziele berücksichtigt werden können. Eine solche Betrachtung kann bedeutend ökonomischer sein, da die betroffenen Personen die Möglichkeit haben, *situationsübergreifend wahrzunehmen* und *zu lernen.*
Weiter können alle Beteiligten einen *höheren Grad von Bewußtheit* für die Steuerung ihres Verhaltens erreichen. In einigen Fällen wird allein hierdurch schon eine Änderung im Erleben und Verhalten erzielt. Bei anderen Klienten *erleichtert* diese Kenntnis zumindest die Änderung (s. auch Grawe, 1978).

2.2.1. Definitionen

Den folgenden Betrachtungen zum Vorgehen bei der Analyse schicken wir die Definitionen der Analyseeinheiten voraus, die sich unserer Erfahrung nach als praktikabel und nützlich erwiesen haben. Wir betrachten sie aber weiterhin als pragmatische Setzungen.

Bei *›Plänen‹* unterscheiden wir zwei Bestimmungsstücke:
(1) das *Ziel,* das durch eine bestimmte Handlungsweise erreicht werden soll und
(2) die *Strategie,* mit der das Ziel erreicht werden soll.

Unter Strategie verstehen wir dabei eine Entscheidungsregel für die Auswahl von Handlungsalternativen, durch die ein Ausgangszustand in einen davon verschiedenen Zielzustand überführt werden soll. Jeder Strategie entspricht dabei eine Vorschrift für das Verhalten an Entscheidungspunkten (Verhaltensregel. Klix, 1971; Clauss u.a., 1976). Die Wahl bestimmter Strategien hängt von der Bewertung des Ausgangszustandes und den zur Verfügung stehenden Handlungsweisen ab. In den Beispielen sprechen wir auch häufig dann von Strategie, wenn die vom Betroffenen gewählte Handlungsalternative gemeint ist.

Oberplan: Allgemeine, umfassende Strategie, ausgerichtet auf ein *übergeordnetes Ziel* des Individuums.

Herr A. versucht im beruflichen Bereich immer das zu tun, was sein Vorgesetzter von ihm verlangt, um möglichst bald befördert zu werden.

Verhaltensplan: (Verhaltens-)Strategie für bestimmte Klassen von Situationen, ausgerichtet auf ein *Teilziel.*

Ein Teilziel für Herrn A. könnte es sein, seinem Chef seinen Arbeitseifer zu verdeutlichen. Darum übernimmt er ›mit großer Freude‹ auch die häufig anfallenden Wochenendarbeiten.

In der Regel sind mehrere Verhaltenspläne einem Oberplan zugeordnet.

Verhaltensregel: Vorschrift für *konkretes Verhalten* in *gleichen Situationen.*

Neben vielen anderen gibt es für Herrn A. die Verhaltensregel, an jedem Freitag zu fragen, ob über das Wochenende etwas zu erledigen sei.

Verhaltensregeln können als Operationalisierungen aus Verhaltens- und Oberplänen angesehen werden.
Auf der Ebene des Verhaltens-in-Situationen spiegeln sich Pläne und Regeln wider in bestimmten *Erwartungen* an das eigene Verhalten (›die anderen lachen mich sicher aus‹), sowie an das Verhalten anderer Beteiligter (›der Prüfer wird gerade mir sicher die schwierigsten Fragen stellen‹).
Verhaltensregeln, -pläne und Oberpläne zeichnen sich durch ihre *hierarchische* Anordnung aus. Darüber hinaus kann es auf jeder Stufe der Hierarchie *sequentielle* Anordnungen geben (s. auch Semmer & Frese, 1979).

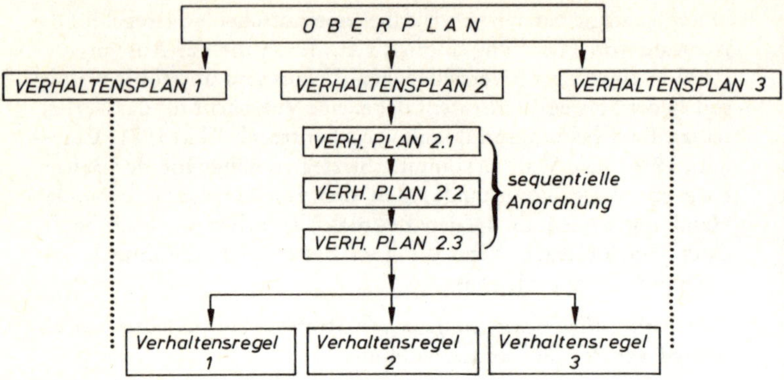

Abb. 6: Hierarchische und sequentielle Anordnung von Regeln und Plänen

Ob ein konkreter Plan als Verhaltens- oder Oberplan klassifiziert werden sollte, hängt vom jeweiligen *Betrachtungszusammenhang* ab und muß im Einzelfall in sinnvoller Weise entschieden werden.

Herr B. hat das übergeordnete Ziel, sich eine gute gesellschaftliche Position zu erarbeiten. Um das zu erreichen, studiert er Medizin (Oberplan). Teilziele auf seinem Weg sind: Vorlesungen besuchen, Praktika absolvieren, Prüfungen ablegen usw. Hierzu verfügt er (hoffentlich) über die notwendigen Strategien im Rahmen von Verhaltensplänen.
In einem anderen Betrachtungszusammenhang, z. B. wenn Herr B. wegen seiner Prüfungsängste zur Beratung kommt, kann das ›Absolvieren einer Prüfung mit positivem Ergebnis‹, das oben nur eines von mehreren Teilzielen war, das übergeordnete Ziel eines Oberplans sein. Hierfür gilt es im Rahmen der Beratung eine geeignete Strategie zu finden, wozu die Realisierung bestimmter Teilziele wie Erwerb effektiver Arbeitstechniken, Abklärung des geforderten Leistungsniveaus, Abbau der Ängste usw. notwendig ist.

2.2.2. Vorgehen bei der Analyse

Das Vorgehen bei der Analyse auf der Ebene der Regeln und Pläne kann auf zwei Wegen geschehen:

(1) *von unten nach oben:* ausgehend von häufig auftretendem konkretem Verhalten werden Verhaltensregeln, Verhaltens- und Oberpläne von dem oder den Beteiligten und Therapeut(en) gemeinsam erarbeitet. Dabei können Exploration, Introspektion des Klienten, direkte Beobachtung und Selbstbeobachtung hilfreich sein. Das Erschließen von Plänen durch den Therapeuten erscheint uns allenfalls als erster Schritt zur Hypothesensammlung sinnvoll (s. auch Grawe, 1979).

Die herausgearbeiteten Pläne können dann gemeinsam mit dem jeweils Handelnden auf ihren *Geltungsbereich* untersucht werden, der häufig über den analysierten Bereich hinausgeht. Für die Erklärung des Problems können hierbei neue Gesichtspunkte deutlich werden, eventuell auch andere Interventionspunkte in den Vordergrund rücken.

Herr Z. fühlt sich beruflich benachteiligt. Eine Analyse seines Verhaltens-in-Situationen zeigt, daß er nie seine Interessen artikuliert. Es zeigt sich, daß diese Verhaltensregel in zahlreichen Situationen bestimmend ist. Als Strategie im Rahmen eines Verhaltensplanes gilt für ihn: ›Ich warte darauf, daß andere meine Interessen erkennen und artikuliere sie nicht selbst‹. Dieser Verhaltensplan besteht auch außerhalb des Berufs, etwa in der Ehe und in der Beziehung zu seinen Eltern (beides Bereiche, die nicht in der Therapie vorgestellt wurden).
Als Oberplan erkennt Herr Z. dann: ›Riskiere auf keinen Fall eine Ablehnung‹. Er ist zunächst erschreckt, daß wesentliche Bereiche seines Lebens von diesem – ihm nicht bewußten – Oberplan bestimmt sind, der einem anderen Ziel, nämlich ›sein Leben selbst in die Hand zu nehmen‹ widerspricht.
Daraufhin ist Herr Z. bereit, nicht nur im beruflichen Bereich, sondern auch im privaten mehr ›zu wagen‹. In der Therapie wird geübt, wie er seine Interessen bei verschiedenen Gelegenheiten einbringen kann. Es werden aber auch seine Ängste vor Ablehnung auf ihren realen Gehalt überprüft und überlegt, warum eine Ablehnung für ihn solch eine Katastrophe wäre.

Das Beispiel zeigt, daß die therapeutische Veränderungsplanung häufig wieder auf die Ebene des Verhaltens-in-Situationen zurückgeht. Eine Einsicht oder Einstellungsveränderung bedingt nicht ohne weiteres auch eine Verhaltensänderung.

(2) *von oben nach unten:* nach einer Reflexion der Ziele wird überprüft, ob mit Hilfe der darauf ausgerichteten Pläne und Regeln dieses Ziel auch erreicht werden kann.

Bei Problemen, die die *Interaktion* zwischen Personen betreffen, kann es sinnvoll sein, für alle Beteiligten eine Analyse der individuellen Regeln und Pläne zu erstellen, ebenso eine Analyse der gegenseitigen Verhaltenserwartungen.

2.2.3. Kriterien zur Beurteilung von Regeln und Plänen

Die folgenden Überlegungen sollen auf die Frage antworten: Welchen Beitrag leisten die individuellen Regeln und Pläne zur Entstehung und Aufrechterhaltung des Problems? Damit werden gleichzeitig mögliche Ansatzpunkte für den Veränderungsprozeß nahegelegt.

a) *Pläne*

Ziele, als ein Bestimmungsstück von Plänen, können nach folgenden Kriterien beurteilt werden:

(1) *Bewußtheit und Transparenz:* Sind Ziele bewußt, nicht bewußt oder liegen andere als die angegebenen vor?

Frau M. hat an allen Freundinnen ihres inzwischen 35jährigen Sohnes etwas auszusetzen (Strategie), sie sind ihr alle nicht gut genug für ihn. Frau M. möchte ihren Sohn damit vor einer falschen Entscheidung bewahren (›ich will ja nur Dein Bestes [angegebenes Ziel], Du wirst mir später noch dankbar sein‹!!). Herr M. hat inzwischen die Hoffnung auf eine zu ihm passende Partnerin fast aufgegeben und unternimmt kaum

noch etwas, um Frauen kennenzulernen. Eigentlich will Frau M. mit ihrem Verhalten jedoch verhindern, daß ihr Sohn eines Tages aus der gemeinsamen Wohnung auszieht (nicht bewußtes Ziel). – Unbestritten ist, daß ein solches Ziel auch bewußt sein kann.
Das Ehepaar L. kommt zur Beratung, um mit Hilfe des Therapeuten die gemeinsamen Probleme zu lösen (angegebenes Ziel). Nach einiger Zeit bemerkt der Therapeut aufgrund einer Interaktionsanalyse, daß Frau L. in ihm eigentlich einen Verbündeten sucht. Sie will deutlich machen, daß ihr Mann derjenige ist, der gestört ist und sich ändern muß.

(2) *Rationalität:* Ist eine Zielsetzung als rational oder eher als irrational zu bezeichnen? Dabei muß der gesamte Lebenszusammenhang des Klienten berücksichtigt werden.

Ein 35jähriger schüchterner Mann wartet seit Jahren darauf, daß ein 18jähriges schönes, intelligentes und unberührtes Supermädchen von sich aus auf ihn zugeht und von da ab nur noch für ihn da ist.

(3) *Widerspruchsfreiheit:* Die Analyse von Regeln und Plänen wird häufig dadurch erschwert, daß das konkrete Handeln durch *mehrere Pläne* gesteuert wird. Es stellt sich nun die Frage: Sind die Ziele für einen Geltungsbereich miteinander vereinbar oder bestehen Widersprüche zwischen ihnen? Widersprüche können auf jeder Ebene der Hierarchie und besonders zwischen bewußten und nicht-bewußten Zielen auftreten.

Oberpläne: ›Ich möchte in der Familie der Boss sein‹ vs. ›Ich möchte meine Kinder liberal erziehen‹.
Verhaltenspläne: ›Ich setze alle Entscheidungen durch, die ich für richtig halte‹ vs. ›Ich versuche, auf die Kinder einzugehen‹.
Verhaltensregel: ›Ich entscheide, wann die Kinder nach Hause kommen‹ vs. ›Ich handele demokratisch mit den Kindern aus, wann sie nach Hause kommen‹.

Hierbei zeigt sich, daß häufig erst bei der Konkretisierung von Plänen auf der Verhaltensebene der Konflikt deutlich und akut wird.
Problematisch kann es sein, wenn für Konfliktfälle *keine klare Rangordnung* der Pläne vorliegt. Die Rangordnung von Plänen hängt davon ab, mit welcher Wahrscheinlichkeit positive und negative Konsequenzen erwartet und wie diese bewertet werden.
Frau B. sitzt nach einem langen Winterspaziergang leicht fröstelnd im Restaurant und freut sich auf eine Tasse heißen Kaffee. Als sie ihren Kaffee endlich bekommt, stellt sie fest, daß er nur lauwarm ist.
Sie befindet sich in einem Dilemma: soll sie den Ober rufen und ihr Recht auf gute Bedienung durchsetzen (Plan 1)? Dabei würde sie

riskieren, daß alle Leute auf sie aufmerksam werden. Sie würde dann sicherlich auch noch erröten, was ihr sehr peinlich wäre und ihrem Plan 2 (nicht auffallen) widersprechen würde. Wenn sie sich andererseits mit dem lauwarmen Kaffee abfindet, würde ihr das ein weiteres Mal zeigen, was für ein ›Schlappschwanz‹ sie ist (Widerspruch zum Oberplan ›selbstbewußt auftreten‹).

(4) *Sinnvolle Ableitungen:* Probleme ergeben sich häufig dadurch, daß es sich bei den Teilzielen nicht um sinnvolle Ableitungen aus den übergeordneten Zielen handelt.

Frau P. möchte ihrem Mann eine gute Ehefrau sein (übergeordnetes Ziel). Deshalb sorgt sie dafür, daß sie bei seiner Heimkehr am Spätnachmittag schon sämtliche Hausarbeiten erledigt hat und das Essen bereit ist (Teilziele), obwohl sie dadurch auf Aktivitäten, zu denen ihre Freundinnen sie häufig einladen, verzichten muß.

Strategien als zweites Bestimmungsstück von Plänen können nach folgenden Kriterien beurteilt werden.

(5) *Effizienz:* Sind die gewählten Strategien und die dazugehörigen Verhaltensmaßregeln zur Erreichung der Ziele wirksam? Dies muß für jede Ebene beurteilt werden.

Herr B. hat das Ziel, an seinem neuen Wohnort die Nachbarn kennenzulernen. Seine Strategie, zu warten, bis ihn jemand anspricht, hat bisher nicht zum Ziel geführt.

Sind die Strategien zur Erreichung eines Ziels nicht effizient, so sollte betrachtet werden, welche (unbeabsichtigten) *Effekte* kurz- und langfristiger Art sich aus dem gezeigten Verhalten ergeben und wie sie vom Handelnden bewertet werden.

Ein junger Mann erreicht in einer Gruppe Gleichaltriger mit seinem forschen Auftreten eher Ablehnung (Effekt), als die von ihm angestrebte Anerkennung (Ziel).
Auch Frau K. möchte ihrem Mann eine gute Ehefrau sein (Ziel); sie richtet sich deshalb in allem nach ihm und äußert nie eigene Wünsche (Strategie). Herr K. empfindet seine Frau mit der Zeit als ausgesprochen langweilig und fühlt sich in letzter Zeit mehr zu anderen Frauen hingezogen (unbeabsichtigter Effekt), worüber seine Frau ganz verzweifelt ist.

(6) *Verhaltenskompetenz:* Ist der Betreffende in der Lage, das zur Verwirklichung einer Strategie notwendige Verhalten zu zeigen und was hindert ihn möglicherweise daran?

Herr B. (s. o.) weiß zwar, daß es erfolgversprechender wäre, von sich aus die Nachbarn anzusprechen. Da er aber befürchtet, dann so aufgeregt zu sein, daß er nicht mehr weiß, was er sagen soll, hat er sich bisher nicht dazu durchringen können.

b) *Verhaltensregeln* können durch die Betrachtung des Zusammenhangs von tatsächlichem Verhalten und der entsprechenden Regel beurteilt werden.

(7) *Regelentsprechung:* Handelt es sich bei einem konkreten Verhalten um die Befolgung oder Verletzung einer Verhaltensregel?

Frau K. hat es sich zur Regel gemacht, im Kino nur hinten und am Ende einer Reihe zu sitzen, weil sie sonst Beklemmungen und Angstzustände bekommt. Heute wurde sie aber von ihren Freunden so gedrängt, daß sie sich doch mit ihnen in die Mitte gesetzt hat.

(8) *Sinnvolle Ableitungen:* Sind die Verhaltensregeln sinnvolle Ableitungen aus Verhaltensplänen (s. auch Kriterium 4)?

2.3. Ebene der System-Regeln – ›*Welche Spielzüge sind vorgeschrieben?*‹

Die bisher betrachteten Pläne und Regeln einer Person sind nur zum Teil Ergebnis individueller Entwicklungen. Sie werden maßgebend mitbestimmt durch die *Normen,* die das Individuum als Mitglied in *verschiedenen* gesellschaftlichen Systemen und Subsystemen für sich als verbindlich ansieht, und durch die *Rollen,* die es in den jeweiligen Systemen einnimmt.

2.3.1. Zum Begriff System-Regel

In jedem sozialen System herrschen mehr oder weniger klare Regeln.
System-Regeln: Vorschriften für das Zusammenleben innerhalb eines sozialen Systems und für das Verhalten der Mitglieder.
System-Regeln haben großen Einfluß auf die Entwicklung individueller Oberpläne, Verhaltenspläne und Verhaltensregeln. Dabei kann die gleiche System-Regel bei verschiedenen Mitgliedern des Systems durchaus zu unterschiedlichen Plänen führen.

In der Familie N. herrscht die System-Regel: ›keiner darf Außenstehenden gegenüber etwas Negatives über ein anderes Mitglied äußern.‹ Frau N. leitet daraus für sich die Strategie ab, nur Positives über die Familienmitglieder zu sagen, während Herr N. überhaupt nicht mit anderen über die Familie spricht.

In sozialen Systemen kann es *explizite* und *implizite* System-Regeln geben.

Eine explizite, d. h. ausgesprochene Regel könnte sein: gegenüber Außenstehenden darf nie etwas Negatives über ein Familienmitglied geäußert werden.
Wohl eher unausgesprochen und damit implizit dürfte eine solche Regel sein: in der Familie darf es niemals zu offenen Konflikten kommen.

System-Regeln dürften in ihrer Mehrzahl zu den impliziten, nicht klar formulierten zu rechnen sein. Verhaltensabweichungen einer Person sind nicht selten auf eine falsche Wahrnehmung solcher impliziten Regeln zurückzuführen, da für das Handeln nicht die tatsächlichen, sondern die wahrgenommenen System-Regeln entscheidend sind.
System-Regeln müssen – wie Verhaltensregeln, -pläne und Oberpläne – nicht *bewußt* sein, dürften es sogar in vielen Fällen nicht sein. Andererseits sind Familientherapeuten immer wieder erstaunt darüber, wie klar gerade Kinder solche System-Regeln erkennen und teilweise auch formulieren können (s. dazu die Literatur zur Familientherapie besonders auf kommunikationstheoretischer Basis: Minouchin, 1977; Selvini-Palazzoli, 1977; Luthman & Kirschenbaum, 1977; Bandler u. a., 1978).

2.3.2. Zur Analyse von System-Regeln

Die Analyse von System-Regeln ist im allgemeinen schwierig und wird häufig spekulativ bleiben müssen. Wir glauben jedoch, daß sich daraus recht brauchbare Hypothesen für das Verständnis sozialer und interpersoneller Probleme ergeben. In einem ersten Schritt können System-Regeln über das Verhalten (V-i-S) oder die Regeln und Pläne verschiedener Systemmitglieder erschlossen werden, sollten dann aber Gegenstand gemeinsamer Analysen im Rahmen des therapeutischen Prozesses sein.
Dabei muß berücksichtigt werden, daß ein Individuum nicht nur in einem, sondern gleichzeitig in *mehreren Systemen* lebt (Familie, Schule, Arbeitsstelle, Freizeitgruppe usw.). Darüber hinaus gibt es schon in einer Familie wieder mehrere Subsysteme (Eltern – Kinder; weibliche – männliche Familienmitglieder; ältere – jüngere Kinder usw.). Auch Therapeut und Klient(en) bilden zusammen ein System.

2.3.3. Kriterien zur Beurteilung von System-Regeln

(1) Wie *sinnvoll* ist eine System-Regel? Welche kurz- und langfristigen, negativen und positiven Konsequenzen hat es, diese Regel zu befolgen oder zu verletzen?

In der Familie R. gilt die Regel: solange Kinder im Haus der Eltern

leben, müssen sie sich nach den Wünschen des Vaters richten. Die 18jährige Sabine fühlt sich dadurch erheblich eingeengt, sie muß um spätestens 22 Uhr nach Hause kommen, darf keine Freunde mitbringen und muß immer pünktlich zu den Mahlzeiten zu Hause sein.
Da sie noch in der Ausbildung ist, ist es für sie finanziell zwar vorteilhaft, zu Hause zu wohnen, langfristig befürchtet sie jedoch, den Kontakt zu ihren Freunden zu verlieren und völlig unselbständig zu werden. Sie glaubt, daß es einen großen Krach gibt, wenn sie aus dem Elternhaus ausziehen würde.

(2) *Nichtbefolgung:* Warum werden System-Regeln nicht befolgt?
- Werden sie (falsch) wahrgenommen?
- Handelt es sich um eine beabsichtigte Regelverletzung aufgrund konträrer Bedürfnisse?
- Werden die aus einer Regelverletzung resultierenden Konsequenzen richtig eingeschätzt?

Sabine R. (s. o.) entschließt sich, weiter im Haus der Eltern zu wohnen, aber abends erst dann nach Hause zu kommen, wenn sie es für richtig hält. Sie glaubt, daß sich die Auseinandersetzungen mit den Eltern mit der Zeit legen werden.

(3) *Effizienz* der abgeleiteten individuellen Pläne:
- Werden ineffiziente Pläne aus den (richtig wahrgenommenen) System-Regeln abgeleitet?
- Bestehen ineffiziente Pläne in bezug auf die tatsächlichen (aber falsch wahrgenommenen) System-Regeln? Im Hinblick auf die wahrgenommenen Regeln können diese Pläne durchaus effizient sein.

Herr S. studiert seit einem Semester Jura und hat sehr schnell herausgefunden, daß die meisten seiner Kommilitonen sich nach der System-Regel verhalten: ›Zeige dich in allem und in jeder Situation kompetent!‹ Da Herr S. sich fachlich noch sehr unsicher fühlt und auch nicht die (vermeintliche?) Selbstsicherheit vieler seiner Kommilitonen auszustrahlen glaubt, zieht er sich immer mehr zurück, um ja nicht als inkompetent aufzufallen (Oberplan).

(4) *Widerspruchsfreiheit:*
- Bestehen für ähnliche Verhaltensbereiche *Widersprüche* zwischen den Regeln *verschiedener Systeme*? Warum kann zwischen ihnen nicht diskriminiert werden?

Bernd, der 4jährige Sohn eines Metallarbeiters, hat zu Hause erfahren, daß er seine Interessen gegenüber anderen Kindern am besten mit körperlicher Gewalt durchsetzen kann (System-Regel I). Seit einem halben Jahr ist er im Kindergarten und wird von allen anderen Kindern wegen seines ›aggressiven‹ Verhaltens abgelehnt (System-Regel II: keine körperliche Gewalt anwenden).

- Bestehen *Widersprüche* zwischen der Ableitung der Pläne und Regeln *verschiedener Personen* (eines Systems) aus der gleichen System-Regel?

Herr und Frau T. sind berufstätig. Beide sind sehr darauf bedacht, daß in ihrer Wohnung immer alles tip-top ist (System-Regel). Frau T. leitet für sich aus diesem Ziel ab, daß sie am Abend noch die anfallenden Putzarbeiten erledigt (Oberplan). Da Herr T. ihr doch nichts gut genug machen kann, beschäftigt er sich während dieser Zeit mit seinen Hobbys, um sie wenigstens nicht zu stören (Oberplan). – Ob das lange gut geht, bleibt abzuwarten.

(5) Welche *Funktion* hat das vorgestellte Problem für das System? Ist das Problem notwendig, damit sich im System nichts ändern muß (geschlossenes System), oder damit es überhaupt weiterbestehen kann?

Die massiven Ängste von Frau Y. verschaffen Herrn Y. die Möglichkeit, sich schützend und hilfreich gegenüber seiner Frau zu verhalten. Damit kann er seine intellektuelle Unterlegenheit ›ausgleichen‹. Das ›Gleichgewicht‹ dieser Beziehung, in der die Frau sonst zu dominant wäre, wird so erhalten.

Eine Analyse der System-Regeln schließt auch Überlegungen zu *Veränderungsmöglichkeiten* in einem oder mehreren Systemen ein. Außerdem sollten Hypothesen darüber erstellt werden, welche *Auswirkungen bestimmte Interventionen* vermutlich haben werden.

Es ist anzunehmen, daß eine rein symptomzentrierte Intervention bei Frau Y. (s.o.) zu starken Konflikten in der Partnerschaft führt.

2.4. Entstehung und Ausformung des Problems – ›*Ein Blick zurück*‹

In der Analyse der Genese geht es – vereinfacht ausgedrückt – um die Frage, wie sich ›ausgerechnet dieses Problem‹ bzw. die spezifischen Defizite in den Problemlösefähigkeiten für diesen identifizierten Klienten bzw. seine Bezugspersonen zur jetzigen Form entwickeln konnte. Aus den Ergebnissen können weitere Schlußfolgerungen für die Erklärung der aktuellen Problemlage und für mögliche Veränderungsziele und -strategien gezogen werden.

Nicht nur der besseren Übersicht wegen, sondern vor allem zur angemesseneren Beurteilung der Bedeutung mancher Ereignisse für die Entwicklung des Klienten und seiner Probleme empfiehlt es sich in vielen Fällen, vorher die hierzu erhaltenen Informationen in einer *Zeittafel* zu ordnen:

B., 15jährige Schülerin mit Kontaktproblemen

Alter	Jahr	Lebensdaten
0–4	10. 5. 64	geb. in H. (Vater 38 J., Mutter 34 J.); beide berufstätig; B. wird in den ersten 4 Lebensjahren hauptsächlich v. d. Großmutter betreut
4–6	Ostern 68 –Sommer 70	Besuch des Kindergartens in H.
5	Juni 69	Geburt des Bruders; Mutter gibt den Beruf auf
6	Herbst 70	Einschulung
7	Sommer 71	Umzug der Eltern nach K., dort Eintritt ins 2. Schuljahr
8	Winter 72	Mandeloperation, 2 Wochen Krankenhaus
10	Herbst 74	Wechsel auf die Realschule in G. (Fahrschülerin)
12	Frühj. 76	Umzug der Eltern nach L. (berufl. Veränd. d. Vaters), dort Eintritt in Kl. 6 d. Realschule im lfd. Schuljahr
13	Herbst 77	Whdlg. d. Kl. 6

Besonders bei Klienten, deren Lebensumstände sich häufig verändert haben, kann eine solche Aufstellung dem Therapeuten helfen, die Übersicht zu behalten. Eine andere Möglichkeit besteht darin, problemrelevante Informationen gleich stichwortartig den Lebensdaten in der Zeittafel zuzuordnen, zum Beispiel folgendermaßen:

12 J. Frühjahr 76
Umzug der Eltern nach L., dort Eintritt in Kl. 6 der Realschule; B. vermißte ihre Freundin aus K. anfangs sehr; brauchte fast 1/2 J., um sich in d. Klasse etwas wohler zu fühlen. Fand nach ca. 4 Monaten für kurze Zeit Anschluß an ein ebenfalls ziemlich schüchternes, isoliertes Mädchen (M.).

2.4.1. Beginn des Problems

Zunächst stellt sich die Frage, *seit wann das Problem besteht.* Häufig ist das ›erste Auftreten‹ oder ›Sich-stellen‹ eines Problems nicht eindeutig auszumachen. Dann sollte die Analyse entsprechend der Erinnerung des Klienten an früheste, besonders typische Ereignisse der Vergangenheit anschließen, die allerdings einen deutlichen Bezug zum aktuellen Problemstand aufweisen sollen.

Eine Klientin mit Angst vor überfüllten Räumen und Menschenmengen berichtet von einem Kreislaufzusammenbruch verbunden mit Todesängsten vor 5 Jahren in einem überfüllten Bus. Daß sie als Kind vorübergehend in der Dunkelheit Angst vor Einbrechern und Gespenstern gehabt hat, dürfte in diesem Zusammenhang von untergeordneter Bedeutung sein.

Schwieriger ist die Entscheidung für einen Anfangspunkt, wenn es um die Analyse von Defiziten geht, wie im folgenden Beispiel:

Ein Klient hat Schwierigkeiten, eine Freundin zu finden; er fühlt sich in der Gegenwart von Frauen unsicher und unbeholfen und vermeidet Gelegenheiten, in denen es zu intensiveren Kontakten kommen könnte. Hier wäre u.a. nach Situationen in der Vergangenheit zu fragen, in denen der Klient erstmals Frauen gegenüber mit ähnlichen Gefühlen oder mit Vermeidungsverhalten reagierte und auch nach seiner sozialen und psychosexuellen Entwicklung in der hier möglicherweise ›kritischen Phase‹ der Pubertät.

a) Sobald ein sinnvoller Ausgangspunkt gefunden ist, kann genauer analysiert werden, *unter welchen Umständen das Problem anfangs auftrat und wie die Beteiligten sich damals dazu verhielten.* Dabei interessieren dieselben Aspekte wie in den Abschnitten 2.1. (V-i-S), 2.2. (Regeln und Pläne) und 2.3. (Systemregeln).

b) Auf der Grundlage der im letzten Schritt erfolgten Analyse kann nun überlegt werden, *wie sich die Entstehung des Problems erklären läßt.* Hier sollten klinisch-psychologische Ansätze zur Erklärung psychischer Störungen Berücksichtigung finden, indem Verbindungen zu den konkreten Erfahrungen des identifizierten Klienten gesucht werden. Im einzelnen geht es dabei um:
- Hypothesen zum funktionalen Bedingungsmodell für das erste Auftreten des Problems (vgl. 2.1.2.)
- Klassifikation des damaligen Problemverhaltens (vgl. 2.1.3.)
- Bedeutung ›allgemeinerer‹ kognitiver, sozialer und emotionaler Lern- und Entwicklungsprozesse für die Problementstehung (s. auch in diesem Zusammenhang 2.2. und 2.3./Regeln, Pläne und Systemregeln)
- Attributionsprozesse: damalige und heutige eigene Erklärungen und Zuschreibungen des identifizierten Klienten bzw. der Betroffenen für die Entstehung des Problems.

c) Selbst wenn man für den Beginn des ausgewählten Problems einen einigermaßen klaren ›Zeitpunkt oder Zeitraum‹ ausgemacht hat, kann man bei der genaueren Untersuchung gelegentlich feststellen, daß dieses Problem gewissermaßen nur als Zuspitzung einer schon länger bestehenden problematischen Situation betrachtet werden kann, die aus der unangemessenen oder unvollständigen Lösung früherer Probleme resultiert. Diese Sichtweise wurde vor einiger Zeit von M. Hoffmann (1978) vorgeschlagen. Sie rückt die Frage in den Vordergrund, ob das Problem schon zum Zeitpunkt seiner Entstehung seinerseits wiederum als *Folge fehlgeschlagener Lösungsversuche* eines oder mehrerer anderer vorhergehender Probleme aufgefaßt werden kann.

An einem ausführlichen Beispiel von Hoffmann (1978, S. 145f.), das wir im folgenden zitieren, wird deutlich, wie es auf diese Weise im Lauf der Zeit zu einer Anhäufung von Problemen und zu einer immer stärkeren Verschärfung der Situation für den Klienten kommen kann:

»Frau X. stand von früher Kindheit an unter einem starken Leistungsdruck und sollte zudem als einziges Kind den sozialen Ehrgeiz des Vaters erfüllen. Sie sollte immer intelligenter, schöner, sozial gewandter sein als sie sich gerade zeigte. Anfangs paßte sie sich diesen Forderungen an.

1. Problem: Überforderung durch den Vater.
Strategie: Anpassen (z. B. Reiten und Tennis mit Widerwillen, Abitur unter starken Ängsten, Aufnahme eines unerwünschten Studiums).
Effekte: kurzfristig positiv: Anerkennung und Zuwendung; langfristig negativ: Fortsetzung der Überforderung, Mangeltraining in Aktivität und Selbständigkeit.

2. Problem: Mangeltraining im Durchsetzen eigener Bedürfnisse.
Strategie: Wird krank (Kopfschmerzen und Schwindelanfälle).
Effekte: Studium wird abgebrochen, kehrt ins Elternhaus zurück. Kurzfristig positiv: reduziert den Druck; langfristig negativ: erlernt keine Techniken der Selbstversorgung, lebt immer mit dem überfordernden Vater zusammen, wird in allen Außenkontakten kontrolliert, lernt keine Fertigkeiten in Selbstsicherheit und Selbstbehauptung.

3. Problem: Verfügt im Alter von 40 Jahren über keinerlei Fertigkeiten zur Selbständigkeit, muß sich aber aufgrund des Todes des Vaters selbst versorgen.
Strategie: Anpassung an den Arbeitgeber.
Effekte: Kurzfristig positiv: bekommt gelegentlich ein Lob dafür; langfristig negativ: überarbeitet, kann dadurch mangelnde Fertigkeiten nicht nachholen, hat keinerlei Freizeitkontakte, die als Modelle für fehlende Fertigkeiten genutzt werden können.

4. Problem: Einsamkeitsängste, fühlt sich zunehmend sozial isoliert.
Strategie: Noch mehr Arbeit.
Effekte: Kurzfristig positiv: bekommt Lob; langfristig negativ: Fertigkeiten können weiterhin nicht trainiert werden, der Verhaltensspielraum engt sich weiterhin ein, die Klientin fühlt sich immer einsamer und ängstlicher.«

In diesem Zusammenhang ist zu überlegen, wie weit man mit der Analyse von ›Vorläuferproblemen‹ in die Vergangenheit zurückgehen sollte, wenn das Vorgehen ökonomisch bleiben soll. Es versteht sich von selbst, daß möglichst nur solche Probleme aufgegriffen werden, die nicht nur für die Entstehung, sondern auch für die *Aufrechterhaltung und damit für die Veränderung der jetzigen*

Problemlage noch relevant sind, also wenn die Nicht-Lösung bzw. Lösung eines Vorläuferproblems notwendige Bedingung für die Nicht-Lösung bzw. Lösung des jetzigen Problems ist.
Das Ergebnis der Bearbeitung dieses Punktes besteht also in der *Aufstellung der Probleme, die als Voraussetzung für das Entstehen des aktuellen Problems gelten können* und deren Bewältigungsversuche im folgenden genauer untersucht werden sollen. Es kann allerdings auch in der begründeten Feststellung bestehen, daß die weitere Analyse allein an dem zuvor ausgewählten Problem zum Zeitpunkt seiner Entstehung anknüpfen kann.

d) In enger Verbindung mit den zuletzt angestellten Überlegungen sollte untersucht werden, *welche Lösungsversuche vom identifizierten Klienten oder anderen Personen zu Beginn des Problems und ggf. auch für die bisher zusammengestellten Vorläuferprobleme gemacht wurden.*
Diese Versuche sind im weiteren unter der Fragestellung zu beurteilen, warum sie damals *nicht* zu einer umfassenden und befriedigenden Lösung geführt haben. Hier sind die erfolgten Schritte im Hinblick auf die allgemeinen Problemlösestrategien des identifizierten Klienten auf allen Stufen des Prozesses zu bewerten:
- *Problemanalyse:* Wie genau wurde das Problem damals gesehen? Wurde es in seinem ganzen Umfang erkannt?
- *Zielanalyse:* Welche Vorstellungen waren damals für den Klienten leitend? Bestanden Einengungen für die Entwicklung neuer Ziele und Perspektiven, die eine Problemlösung erleichtert hätten?
- *Strategiewahl:* Verfügte der Klient über effektive Lösungsstrategien? Wurden kurz- und längerfristige Konsequenzen gegeneinander abgewogen, eventuell langfristige negative Konsequenzen nicht beachtet?
- *Effekte der versuchten Lösung:* Wie erfolgreich waren die eingesetzten Strategien? Gab es unbeabsichtigte, nicht vorhergesehene Folgen? (weitere Beurteilung in 2.4.2.c)

Hier sollten sowohl objektive Einschränkungen in seiner Lebenssituation als auch der damalige Entwicklungsstand des identifizierten Klienten und seine bisherige Lerngeschichte in bezug auf das Problem in Rechnung gestellt werden. Anders ausgedrückt: es geht auch um die Entwicklung der inneren Bedingungen und Dispositionen, die das Problemlösen heute behindern, wie etwa um fehlerhafte Attribuierungsprozesse, eingeschränkte soziale Wahrnehmung, ungünstiges Selbstkonzept usw.

Bei der Beurteilung sollten allerdings auch erfolgversprechende Ansätze nicht vernachlässigt werden.

2.4.2. Weiterentwicklung und Ausformung des Problems

Es kann nun weiter gefragt werden, *wie sich das Problem in der Folgezeit nach seiner Entstehung bis zu seiner jetzigen Form verändert hat,* oder – wenn keine wesentlichen Veränderungen erkennbar sind – welche Konsequenzen sein *Weiterbestehen* über einen kurzen oder längeren Zeitraum hatte und hat. Die Gliederung und die Gesichtspunkte der Analyse sind denen in Abschnitt 2.4.1. (Beginn des Problems) weitgehend vergleichbar und werden deshalb nicht noch einmal besonders ausgeführt.

a) Welche *Veränderungen* lassen sich in der Folgezeit für die im letzten Schritt als relevant hervorgehobenen Elemente des Problems erkennen?

b) Welche *Erklärungen gibt es für das Weiterbestehen bzw. die spezifische Ausformung* des Problems, also etwa für Verbesserungen/Verschlechterungen im Lauf der Zeit?

c) Ergeben sich *Folgeprobleme* aus der Art der ursprünglichen Problemlösung?

d) Wurden *Versuche zur Lösung der Folgeprobleme* unternommen? Wurden *weitere Versuche zur Lösung des ursprünglichen Problems* gemacht? Warum wurden auch im Lauf der Zeit keine umfassenden und befriedigenden Lösungen gefunden? Wo lagen erfolgversprechende Ansätze?

Beurteilung der Versuche anhand der in 2.4.1. d (Problemlösefähigkeiten) genannten Kriterien.

2.5. Diagnostische Hinweise aus der Therapeut-Klient-Beziehung – *›Was zwischen uns passiert, könnte auch woanders von Bedeutung sein . . .‹*

Neben den Aussagen des Klienten kann auch sein Verhalten in der therapeutischen Situation selbst Hinweise für die Analyse der Problemlage bieten. Hier geht die Grundannahme ein, daß das Verhalten des Klienten auch in der Therapiesituation typische Merkmale aufweist (vgl. Grawe, 1978).

Abhängig von der Interpunktion kann entweder das Verhalten des Therapeuten als steuernd für das Verhalten des Klienten betrachtet werden, oder das Verhalten des Klienten kann umgekehrt das Verhalten des Therapeuten bedingen. Dies ist i.f., besonders bei Abschnitt d), zu berücksichtigen.

a) Wir schlagen vor, zunächst zu überlegen, welche *Funktionen* das therapeutische Gespräch bisher hatte, z. B. diagnostische Funktion, Beziehungsaufbau, Motivationsänderung. Dies ist wichtig, um beurteilen zu können, ob die therapeutische Situation überhaupt problemrelevantes Verhalten des Klienten oder seiner Bezugspersonen hervorrufen konnte.

In den ersten beiden Kontakten mit Herrn A. war es zunächst notwendig, den organisatorisch-formalen Rahmen für die Behandlung abzustecken und seine Vorstellungen (er erwartete eine medikamentöse Therapie) abzuklären. In dieser Phase fiel die Unfähigkeit des Klienten, Entscheidungen in Handlungen umzusetzen, noch nicht auf.

b) Zeigt der Klient (oder seine Bezugspersonen) in der Interaktion mit dem Therapeuten Verhalten, das für das vorgestellte Problem von Bedeutung ist *(problemrelevantes Verhalten)*?
Mittels einer teilnehmenden Beobachtung kann der Therapeut zu den verbalen Berichten der Betroffenen ergänzende, auch differenziertere Informationen sammeln.

Eine Klientin mit Zwangssymptomen will ständig Versicherungen über die Ungefährlichkeit reduzierter Sauberkeitsansprüche. Dem Interaktionspartner (Therapeut) fällt es schwer, nicht mit dementsprechenden Beschwichtigungen zu antworten.

Im Gespräch mit dem Ehepaar B. und ihrer 4jährigen Tochter Anja kann der Therapeut deutlich die von den Eltern beschriebene ›Unruhe‹ Anjas feststellen. Zusätzlich beobachtet er, daß Anja besonders unruhig und laut wird, wenn die Eltern unterschiedlicher Meinung sind und zu streiten beginnen.

c) Zeigt das (Interaktions-)Verhalten des Klienten oder seiner Bezugspersonen *zusätzliche Auffälligkeiten*, die bisher nicht zur Sprache gekommen sind?
Hier kann es sich entweder handeln
- um ein Problem, das der Klient (z. B. aus Angst) bisher noch nicht zur Sprache gebracht hat,
- oder um ein Problem, das dem Klienten nicht bewußt ist.

- Ein Klient wird häufig rot.
- Ein Klient äußert häufig Miterfolgserwartungen.
- Ein Klient spricht undeutlich, leise und zu schnell.

d) Hat der Therapeut sich *unbemerkt in die problemrelevanten Interaktionsmuster* des Klienten hineinziehen und sich von ihnen ›manipulieren‹ lassen?

Für die Beantwortung dieser Frage sind vor allem Gespräche mit Kollegen, evtl. einem Supervisor oder Co-Therapeuten hilfreich.

- Der Therapeut gibt dem Zwangspatienten Versicherungen.
- Er übernimmt Entscheidungen für den Klienten, die dieser selber treffen sollte.
- Er läßt sich von der depressiven Stimmung eines Klienten ›mitziehen‹.
- Immer, wenn es um sexuelle Probleme geht, weicht der Klient aus und berichtet sehr global; auch der Therapeut fragt nicht konkreter nach und wechselt ziemlich schnell das Thema.

Ein solches ›Hineinziehen‹ in problemrelevante Interaktionsmuster tritt um so häufiger auf – und ist um so schwieriger zu durchschauen – je mehr Personen in der Therapie sind, z. B. bei Paaren, Gruppen und Familien. Besonders bei Familien kann es allerdings auch indiziert sein, sich gezielt in das System hineinzubegeben, um Veränderungen initiieren zu können.

e) Abschließend werden erste Überlegungen getroffen, ob und welche *Veränderungen der Therapeut-Klient-Interaktion* aufgrund der vorangegangenen Analyse notwendig sind.

- Der Therapeut sollte Mißerfolgserwartungen des Klienten ansprechen.
- Er sollte Suizidgedanken des Klienten verbalisieren und akzeptieren.
- Er sollte auf das Bestätigungsbedürfnis des Klienten nicht mehr eingehen.

Wichtig erscheint uns, daß plötzliche Veränderungen im Therapeutenverhalten dem Klienten oder seinen Bezugspersonen transparent gemacht und begründet werden.

2.6. Schlußfolgerungen aus der bisherigen Analyse für Zielanalyse und Veränderungsplanung – *›Bilanz ziehen, bevor es weitergeht‹*

In den vorhergehenden Abschnitten ging es um die Auswahl eines bestimmten Problems aus allen zu Beginn genannten Problemen und um dessen möglichst umfassende Betrachtung unter Berücksichtigung verschiedener Bedingungen und der Problemlösefähigkeiten des identifizierten Klienten. An dieser Stelle soll nun einerseits die *gesamte Problematik* in bezug auf dieses ›Einzelproblem‹ wieder ins Blickfeld rücken, und andererseits sollen die bisher herausgearbeiteten Informationen und Hypothesen *zusammenfassend bewertet* werden. Die Bearbeitung dieses Punktes besteht dementsprechend in der begründeten Auswahl der relevanten Daten und Annahmen mit dem Ziel, eine Entscheidung für ein vorläufiges Erklärungsmodell für den gesamten Problemzusammenhang zu treffen.

Da dieses Modell als Grundlage für die Weiterarbeit dient, können hier auch schon erste Überlegungen angestellt werden, welche Konsequenzen sich aus ihm für die Zielanalyse und die Veränderungsplanung ergeben.

Der besseren Übersicht wegen werden die *Fragen nach dem Zusammenhang zwischen den Problemen und nach den Schlußfolgerungen aus der bisherigen Analyse* getrennt nacheinander gestellt. Die vorgeschlagene Reihenfolge der Abhandlung erscheint uns dabei keineswegs zwingend.

2.6.1. Zusammenhänge zwischen den Problemen

Falls erst ein einziges, anfangs bewußt aus mehreren ausgewähltes Problem analysiert wurde, können Aussagen über mögliche Zusammenhänge mit anderen Problemen des identifizierten Klienten oder seiner Bezugspersonen hier nur vorläufigen Charakter haben.
Nach einem *Rückblick auf die Informationen aus Abschnitt 1* (Problemstellung) sollte an dieser Stelle gemeinsam entschieden werden, ob die evtl. noch zusätzlich vorliegenden Probleme ebenfalls erst einmal bis zu diesem Punkt der Analyse bearbeitet werden sollen, oder ob man für den zuvor ausgewählten Problembereich – möglicherweise mit einigen Definitionsveränderungen – nun ein *Resümee* ziehen will, um in die Zielfindungs- und Lösungsphase einzutreten. Im letzteren Fall würde man sich, was die Zusammen-

hänge zwischen den einzelnen Problemen angeht, zunächst auf vorläufige Annahmen beschränken.
Die Entscheidung dafür, erst alle vorhandenen Probleme ausführlich durchzuarbeiten, bietet den Vorteil, daß die Indikationsstellung u. U. abgesicherter und ökonomischer erfolgen könnte. Dagegen spricht allerdings, daß so möglicherweise eine problematische Dichotomisierung des diagnostisch-therapeutischen Prozesses gefördert wird; die Suche nach Lösungen und praktische Erfahrung mit ersten Veränderungsschritten, welche oft noch neue und wichtige Aspekte zur Problemanalyse beitragen, bleiben zu lange im Hintergrund.
Wenn sich allerdings die Definition des Problems so weit verändert hat, daß nicht mehr der identifizierte Klient, sondern eine der Bezugspersonen in den Mittelpunkt getreten ist, muß auf jeden Fall geprüft werden, ob deren Verhalten vorher schon ausreichend analysiert wurde, und gegebenenfalls sogar ein neuer Beginn gemacht werden. Ganz besonders ist darauf zu achten, ob der Klient vielleicht *typische Verhaltensweisen im Umgang mit Problemen überhaupt* zeigt, die auf Defizite in seinen Problemlösefähigkeiten schließen lassen: Neigt er dazu, sich sehr lange und ausführlich mit allen möglichen Aspekten seiner Probleme zu befassen und diese in immer wieder neue Zusammenhänge zu stellen, bevor er an Lösungen denkt? Oder findet er sehr schnell praktische Lösungen, probiert diese aus und scheitert vielleicht häufig daran, daß er sich für die Analyse der Zusammenhänge nicht genügend Zeit läßt?

Im wesentlichen kann man hier wieder alle Phasen betrachten, denen auch dieser Leitfaden folgt: Die Phase der Problemstellung (1.), der Problemanalyse (2.), der Zielfindung (3.), die Phase der Suche nach Lösungsmöglichkeiten (4.) und schließlich die Phase der praktischen Erprobung und Bewertung einzelner Veränderungsschritte (5.). Wenn der Therapeut Grund zu der Vermutung hat, daß der Klient spezielle Problemlösungsdefizite in einer dieser Phasen aufweist und diese Tatsache für den derzeitigen Stand des zu bearbeitenden Problems von Bedeutung ist, dann sollte er möglichst früh mit dem Klienten auf dieser Ebene an einer Veränderung arbeiten.

In der *Gesamtbetrachtung aller Probleme* können weiter folgende Fragen gestellt werden:
- Gibt es zwischen den verschiedenen Problemen, wie sie sich zum jetzigen Zeitpunkt voneinander abgrenzen lassen, *genetische* bzw. *aktuelle Zusammenhänge?*
- Welcher Art sind die Zusammenhänge?

- Entstehung zur gleichen Zeit oder unter vergleichbaren Bedingungen?
- Ähnlichkeiten in der weiteren Ausformung?
- Ist ein Problem Voraussetzung für die Entstehung des anderen?
- Gemeinsame Oberpläne?
- Ableitung aus einer übergeordneten Systemregel?
- Sind mehrere Probleme auf die gleichen ungünstigen Problemlösestrategien zurückzuführen?

2.6.2. Gewichtung der bisherigen Hypothesen

Es wurde bereits darauf hingewiesen, daß es meistens günstig ist, vor der Beschäftigung mit der Zielanalyse die wichtigsten Ergebnisse aus der bisherigen Problemanalyse zusammenfassend festzuhalten. Das Ergebnis sollte in einer Auswahl der wichtigsten Hypothesen bestehen, die für die weitere Arbeit leitend sind.

a) Um *Schlußfolgerungen aus der genetischen Analyse* ziehen zu können, ist für jedes Problem die Klärung folgender Fragen empfehlenswert:
- Welche Hypothesen, die im Verlauf der genetischen Analyse aufgestellt wurden, sollen endgültig zur Erklärung der Entstehung und Ausformung des Problems herangezogen werden?
- Welche Bedeutung messen Klient und Therapeut der Entwicklung bei? Ausmaß der vermuteten Determination durch die Vergangenheit? Starkes oder geringes Interesse an der Klärung vergangener Ereignisse?
- Lassen sich aus der Beantwortung der ersten beiden Fragen bereits Konsequenzen für die Zielanalyse und Veränderungsplanung ableiten?

b) Weiter sollten für jedes Problem *Schlußfolgerungen aus der Analyse der aktuellen Problemlage* gezogen werden.
Es ist zu klären:
für den identifizierten Klienten
- Gibt es einen Schwerpunkt des Problems (Erwartungen, Verhalten)?
- Welche Ebene des Problems ist hauptsächlich problematisch (Ebene des Verhaltens-in-Situationen, der Verhaltensregeln, -pläne, Oberpläne; Systemregeln)?
- Welche Auswirkungen sind auf anderen Ebenen zu beobachten?
- Welche Zusammenhänge oder Differenzen ergeben sich zwischen den Ebenen (Widersprüchlichkeiten zwischen den Ebenen, Widersprüchlichkeiten zwischen Klient und Bezugspersonen)?

- Was muß bei der Veränderung sonst berücksichtigt werden (materielle, institutionelle und sonstige Beschränkungen oder Hilfen)?

in der Gesamtbetrachtung

- Liegt das Problem tatsächlich beim identifizierten Klienten?
- Wo liegt das Problem sonst: bei einer oder mehreren Bezugspersonen (deren Verhalten, Erwartungen, Pläne usw.) oder in der äußeren Situation?
  Hier können *allgemeine Gesichtspunkte* eine Rolle spielen, wie schlechte Arbeitsmarktlage im Beruf des Klienten, oder *spezielle Gesichtspunkte,* wie eine erworbene Berufskrankheit, die nur noch einen Einsatz des Klienten in der Lagerverwaltung möglich macht, oder die Wohnsituation eines Studenten mit Kontaktschwierigkeiten, der außerhalb der Stadt wohnt, usw.

c) Positive Seiten und Ansätze zur Problemlösung

Es erscheint uns unbedingt wichtig, den identifizierten Klienten und andere Betroffene nicht nur im Hinblick auf das Problem und dabei wiederum nicht nur im Hinblick auf die Einschränkungen und Defizite zu betrachten. Vielmehr ist bei allen Beteiligten eine möglichst vollständige Wahrnehmung (vgl. Dörner, 1978) anzustreben, in der auch Kompetenzen und positive Seiten sowie problemlose Lebensbereiche des identifizierten Klienten berücksichtigt werden. Das Bemühen, eine Störung als – zwar mißlungenen aber immerhin nicht völlig sinnlosen – Problemlösungsversuch zu begreifen, kann ebenfalls ein Beitrag dazu sein.
Leider schränkt sich der Horizont bei allen Beteiligten während der Entwicklung eines Problems und nicht zuletzt auch bei der Beschäftigung damit im diagnostisch-therapeutischen Prozeß häufig ein. Die Wahrnehmung der positiven Anteile sowie das Aufgreifen früherer und gegenwärtiger aktiver Lösungsversuche in diesem Kontext kann manchmal schon als erster therapeutischer Schritt wirksam sein; in jedem Fall empfiehlt es sich, hier nach Ansatzpunkten für eine Veränderung zu suchen.

3. Ziel-Analyse – ›Auf den ersten Blick scheint uns das Ziel oft klar . . .‹

In die vorhergehende Problemanalyse sind immer schon implizit die Zielvorstellungen aller Beteiligten eingegangen; in diesem Abschnitt des Prozesses soll nun – falls nicht schon geschehen – eine explizite Zieldiskussion erfolgen. Die Entscheidung, welche Ziele im weiteren Therapieverlauf verfolgt werden sollen, wird ebenso wie die Entscheidung für die Mittel zur Zielerreichung nicht nur durch die Problemlage bestimmt, sondern mehr oder weniger auch durch Rahmenbedingungen, die auf seiten des identifizierten Klienten und seines sozialen Bezugssystems bestehen wie auch auf seiten des Therapeuten bzw. der Institution, in der er arbeitet (vgl. u.a. Sommer & Ernst, 1977). Besonderes Augenmerk gilt hierbei der Motivation des identifizierten Klienten und evtl. beteiligter Bezugspersonen zur Veränderung, den Charakteristika der Therapeut-Klient-Beziehung sowie den materiellen und sonstigen sozialen Lebensumständen des identifizierten Klienten.

3.1. Veränderungs-Voraussetzungen – ›*Was kann und will jeder einsetzen?*‹

Zur Planung einer Veränderung ist es wichtig zu wissen, wie der identifizierte Klient und seine Bezugspartner das Problem sehen und *bewerten* und wie stark die *Motivation* aller Beteiligten zur Veränderung ist.
Von besonderer Bedeutung scheint uns hier auch zu sein, den Stellenwert des Problems für den identifizierten Klienten richtig einzuschätzen. Als Therapeuten neigen wir allzu oft dazu, den Klienten nur unter dem Gesichtspunkt seines Problems zu sehen und seine positiven Seiten sowie unproblematische Lebensbereiche zu vernachlässigen. Durch eine stärkere Einbeziehung auch dieser Aspekte können Selbstvertrauen und Zuversicht bzgl. einer positiven Veränderung beim Klienten und seinen Bezugspartnern gestärkt werden (vgl. auch Hoffmann, 1978: Der Klient wird als aktiver Problemlöser gesehen, auch wenn er z.T. ineffiziente Strategien anwendet).

3.1.1. Bewertung des derzeitigen Zustandes

Zunächst geht es darum, zu einer möglichst umfassenden Einschätzung des derzeitigen Zustandes zu kommen, und zwar unter Berücksichtigung der Sichtweise aller am Prozeß Beteiligten – also des identifizierten Klienten, seiner Bezugspartner und des Therapeuten – zu den unten aufgeführten Fragen.

a) Sichtweise des identifizierten Klienten, der Bezugspartner und des Therapeuten

- Für wie *ernst* wird das Problem zur Zeit gehalten? Hier ist eine Erfassung auf folgender Skala möglich: nicht belastend – wenig belastend – belastend – sehr belastend – unerträglich.

- Welche *Einschränkungen* ergeben sich für den Freiheitsspielraum des identifizierten Klienten bzw. seiner Bezugspartner (negative Folgen)?
- Welche *vorteilhaften Auswirkungen* hat das Problem für den identifizierten Klienten bzw. seine Bezugspartner (positive Folgen)?
- Welche Lebensbereiche sind *unproblematisch* und werden als zufriedenstellend erlebt?

b) Bewertung der Sichtweisen und ihre mögliche Bedeutung für den Veränderungsprozeß

Es sollte sich ein gemeinsames Gespräch anschließen, in dem die Sichtweisen aller Beteiligten auf Ähnlichkeiten und Unterschiede hin betrachtet werden. Falls sich Differenzen ergeben, muß überlegt werden, ob es nötig ist, diese aufzuheben und ob Strategien dafür zur Verfügung stehen. Entsprechend ist dann eine Phase der Klärung einzuschalten.

3.1.2. Motivationen und Erwartungen bezüglich des Veränderungsprozesses

a) Sichtweise des identifizierten Klienten und seiner Bezugspartner

- Durch wen oder was wurde – direkt oder indirekt – die Therapie veranlaßt? Welche Gründe gab es dafür? Warum wurde gerade zu diesem Zeitpunkt therapeutische Hilfe gesucht?
- Wer oder was soll geändert werden?
- Wie stark ist der Veränderungswunsch?
- Welche Erwartungen bestehen hinsichtlich der Veränderungsmöglichkeiten und -fähigkeiten?
- Wie groß ist die Bereitschaft zum persönlichen Einsatz? Welche Rolle erwarten die Beteiligten für sich (Aktivität, Passivität, Anstrengungsbereitschaft)?
- Welche Erwartungen bestehen an die Form der Therapie und an die Art der therapeutischen Interaktion? Welche Vorinformationen sind vorhanden?
- Welche Vorstellungen gibt es bezüglich der Zeitperspektive?
- Welchen Einfluß haben gegebenenfalls frühere Therapieversuche auf die Motivationslage und auf die geplante Veränderung?

b) Bewertung der Sichtweisen und ihre mögliche Bedeutung für den Veränderungsprozeß

Im anschließenden Gespräch sollen wieder Unterschiede und Gemeinsamkeiten betrachtet werden. Der Therapeut sollte dabei seine Einschätzung der Motivation und Erwartungen der Beteiligten einbringen und gegebenenfalls zur Diskussion stellen. Auch er selbst muß sich über seine eigene Motivationslage und Einsatzbereitschaft diesem Klienten und seinen Problemen gegenüber Klarheit verschaffen. Falls die Standpunkte so unterschiedlich sind, daß eine weitere gemeinsame Arbeit unmöglich erscheint, sollte ernsthaft überlegt werden, ob möglicherweise eine andere Therapieform angebracht ist und von daher eine Überweisung zu einem anderen Therapeuten ins Auge zu fassen ist.

3.1.3. Fördernde und hemmende Faktoren der sozialen und materiellen Umwelt

Über die bisher geleistete Analyse der Veränderungsvoraussetzungen hinaus sollte an dieser Stelle überprüft werden, welche sozialen und materiellen *Bedingungen in der Umwelt des Klienten* den Veränderungsprozeß fördern und welche ihn hemmen oder gar verhindern könnten. Die zuvor gesammelten Informationen werden unter dieser speziellen Fragestellung nun noch einmal durchgesehen. Besonders zu berücksichtigen sind dabei die Abschnitte 1.1. (Vorinformationen) und 2.3. (Systemregeln).

Fördernde Faktoren sollten unter dem Gesichtspunkt betrachtet werden, ob sie gezielt im Veränderungsprozeß berücksichtigt und eingesetzt werden können.

Das Ehepaar D. kommt zur Beratung, weil es sich häufig streitet. Thema eines solchen Streites ist sehr oft, daß Frau D. ihrem Mann vorwirft, er kümmere sich in seiner knapp bemessenen Freizeit hauptsächlich um seine Eltern und vernachlässige sie. Das Paar lebt im ausgebauten Dachgeschoß des elterlichen Einfamilienhauses. In zwei Monaten werden sie dort ausziehen, da Herr D. in einer nicht weit entfernten Stadt eine neue Arbeitsstelle angenommen hat. Dieser Umzug könnte dazu führen, daß Herr D. dann mehr Zeit für seine Frau hat, da seine Eltern ihre Ansprüche nun nicht mehr so unmittelbar an ihn herantragen können.

Werner ist das älteste von drei Kindern der Familie R. Seit einiger Zeit verschlechtern sich seine Schulleistungen, er wirkt nervös, ist motorisch unruhig, und zu Hause beteiligt er sich nur noch selten an gemeinsamen Aktivitäten. In der Exploration mit der ganzen Familie ergeben sich Hinweise auf eine Systemregel, die lauten könnte: ›Alle Familienmitglieder sollten sich gegenseitig helfen‹. Dies gibt dem Therapeuten Grund zu der Erwartung, daß es möglich sein müßte, die Familienmitglieder oder einige von ihnen als Co-Therapeuten einzusetzen.

Hemmende Faktoren für den Veränderungsprozeß sollten gezielt daraufhin untersucht werden, ob sich eine Möglichkeit ihrer Ausschaltung oder Abschwächung anbietet.

Herr K., Lehrer, kommt mit den Schülern seiner 8. Klasse nicht zurecht. Ein gezieltes Lehrer-Verhaltenstraining wäre angezeigt, wird jedoch erhebliche Schwierigkeiten in der Realisierung mit sich bringen, da der Rektor der Schule die dafür notwendigen Beobachtungen im Klassenraum nicht gestattet. Außerdem glaubt Herr K., sich im System ›Schule‹ nicht als Klient darstellen zu dürfen. Er befürchtet Nachteile für seine berufliche Laufbahn.

Herr F. hat vor einem Jahr sein Studium in einer entfernten Universitätsstadt begonnen. Er wohnt in einem 10 km außerhalb der Stadt gelegenen Bauernhof zur Untermiete. Seine Kontaktschwierigkeiten haben sich nach Aufnahme seines Studiums erheblich verstärkt; er kennt bisher noch keinen seiner Kommilitonen näher. – Um Gelegenheit zu mehr Kontakten zu schaffen, könnte der Therapeut mit ihm überlegen, ob er sich nicht direkt am Studienort ein Zimmer suchen möchte.

3.2. Zielbestimmung – ›*Was soll erreicht werden?*‹

Die Bestimmung der Ziele muß für jeden Problembereich geschehen. In der Regel dürfte es sich dabei nicht um einen einmaligen Vorgang handeln, sondern um ein *sukzessives Erarbeiten* während längerer Phasen der Therapie. Dies trifft besonders dann zu, wenn das Problem in einer Entscheidungsfindung besteht.

Ein Paar kommt wegen eines schon langandauernden Partnerschaftskonfliktes zum Therapeuten. Erst im Verlauf mehrerer Sitzungen wird eine Zielbestimmung – ob Trennung oder Verbesserung des Zusammenlebens – möglich sein.

3.2.1. Berücksichtigung der unterschiedlichen Zielvorstellungen

Wichtig ist hier, daß die Zielklärung in enger Kooperation zwischen dem Therapeuten und dem identifizierten Klienten sowie ggf. anderen Beteiligten geschieht. Es ist darauf zu achten, daß die Ziele *positiv formuliert* werden und sich nicht in einer bloßen Negation des Ist-Zustandes erschöpfen.

Ein Klient mit einem Waschzwang sollte über die reine Negation: »Ich will mir nicht mehr so häufig die Hände waschen« hinaus positiv formulieren, wie häufig und unter welchen Bedingungen er sich künftig die Hände waschen will.

Die folgenden Punkte sollen Anregungen dafür bieten, was bei der Zielbestimmung berücksichtigt werden sollte. Die Ziele können sich dabei auf das eigene Verhalten, die Erwartungen, die Situationsbedingungen, Konsequenzen eines Verhaltens, Verhaltensregeln, -pläne und Oberpläne beziehen. Zuerst werden die Sichtweisen des identifizierten Klienten, der Bezugspartner und des Therapeuten zusammengestellt, um dann Differenzen und Gemeinsamkeiten herauszustellen.

a) Sichtweise des identifizierten Klienten, seiner Bezugspartner und des Therapeuten

- Ziele für den Zustand bzw. die Fähigkeiten der verschiedenen Beteiligten nach dem therapeutischen Veränderungsprozeß
- Wird mit Abschluß der Therapie die endgültige Lösung des/der anstehenden Probleme erwartet oder
- Verspricht man sich vom gemeinsamen Durchlaufen einzelner bzw. aller Phasen des Problemlöseprozesses eine Steigerung der Fähigkeiten des identifizierten Klienten und/oder seiner Bezugspartner, mit Problemen in Zukunft besser umgehen zu können?
- Erwartete positive Folgen der Zielerreichung für den identifizierten Klienten und für die Bezugspartner
- Erwartete negative Folgen der Zielerreichung für den identifizierten Klienten und seine Bezugspartner

b) Bewertung der Sichtweisen und deren mögliche Bedeutung für den Veränderungsprozeß

Hier geht es wieder darum, Gemeinsamkeiten und Differenzen zwischen den Sichtweisen der Beteiligten zu betrachten und Hypothesen über die Bedeutung der Unterschiede für die weitere Zusammenarbeit zu entwickeln. Dabei könnte es hilfreich sein, zu überlegen, welche impliziten oder expliziten Normen den Zielsetzungen aller Beteiligten (Klient, Bezugspartner, Therapeut) zugrunde liegen und welche Unterschiede zwischen den Wertvorstellungen bestehen.
Auch die Frage, ob eventuell andere als die angegebenen Ziele bei einem der Beteiligten vorliegen, ist zu beachten. Bei Differenzen sollte eine Klärung angestrebt werden.

Herr Y., 45 J. alt, kommt zur Beratung, weil er Schwierigkeiten mit seiner beruflichen Umschulung hat. Das anfänglich geäußerte starke Interesse an dem neuen Beruf und an einer entsprechenden Abschlußprüfung erweist sich später als vorgeschobenes Ziel. Im Grunde liegt ihm daran, eine Bescheinigung des Therapeuten über mangelnde Leistungsfähigkeit zu bekommen; sein eigentliches Ziel ist eine vorzeitige Pensionierung.

3.2.2. Festlegung von Zielen und Zwischenzielen

Das Ergebnis der Zielanalyse sollte in einer gemeinsamen und – zumindest für die nächsten Schritte – verbindlichen Zielsetzung bestehen. Bei der Festlegung der Ziele müssen die vorhergehenden Informationen und Überlegungen berücksichtigt werden, wie etwa

Genese und derzeitige Problemlage, personelle und institutionelle Rahmenbedingungen, Motivationslage und Veränderungserwartungen aller Beteiligten.
Ist die Zielsetzung noch relativ weit gefaßt und umfangreich, so wird es zunächst nötig sein, konkrete und spezifische Teilziele abzuleiten. Diese sind dann in eine zeitliche Reihenfolge zu bringen, d. h. in Nah- und Fernziele zu differenzieren. Im Verlauf des Änderungsprozesses müssen diese Zielsetzungen immer wieder überprüft und u. U. revidiert werden.

3.3. Die Therapeut-Klient-Beziehung und ihre Bedeutung für den Veränderungsprozeß – ›*Sand im Getriebe?*‹

Der Interaktion zwischen Therapeut und Klient – häufig als eine unspezifische Variable im Veränderungsprozeß betrachtet – muß aufgrund zahlreicher empirischer Untersuchungen (Kanfer/Phillips, 1970; Goldstein, 1977) eine entscheidende Bedeutung zuerkannt werden. Sie sollte darum laufend reflektiert und das Ergebnis dieser Überlegungen für den Therapieprozeß nutzbar gemacht werden (vgl. Grawe, 1978; Schmidtchen, 1978, S. 102 ff.).
Im folgenden soll darum eine Analyse der Therapeut-Klient-Beziehung vorgenommen und ihr möglicher *Einfluß auf den Veränderungsprozeß* untersucht werden.

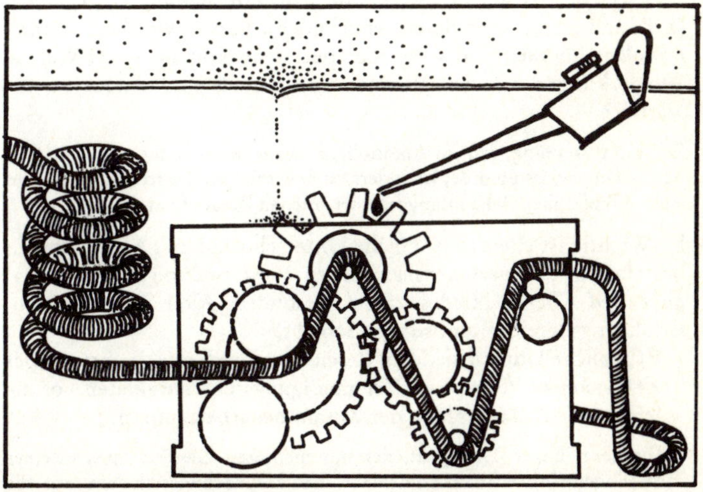

In ausführlicher Form muß dies zunächst in der Anfangsphase geschehen. An entscheidenden Punkten der Therapie, wenn beispielsweise eine Stagnation eintritt, ist es angezeigt, die anfängliche Auswertung zu überprüfen und neu zu formulieren.
Eine Analyse der Therapeut-Klient-Beziehung sollte zielgerichtet entsprechend der Fragestellungen vorgenommen werden:

- Welchen *Einfluß* können Interaktionsverhalten und Beziehungsstruktur von Therapeut und Klient auf den Veränderungsprozeß haben?
- Welche *Änderungen* im Interaktionsverhalten und in der Einstellung sind notwendig für eine hilfreiche therapeutische Beziehung im Sinne der Veränderungsziele?

Die Reflexion der Therapeut-Klient-Beziehung sollte zum einen außerhalb der therapeutischen Situation (z. B. mit Kollegen, Co-Therapeuten oder Supervisor) geschehen. In vielen Fällen ist aber auch eine gemeinsame Abklärung zwischen Therapeut und Klient möglich und wird sich auf den weiteren Therapieverlauf förderlich auswirken.

3.3.1. Formale und personenspezifische Voraussetzungen

Erste Anhaltspunkte für eine Analyse bieten die formalen und personenspezifischen Voraussetzungen der Therapeut-Klient-Beziehung.

a) Zu den formalen Aspekten gehören Informationen wie:
Auf welche Art wurde die *therapeutische Beziehung eingegangen* (z. B. freiwillig, überwiesen, empfohlen), und in welchem *institutionellen Rahmen* findet der therapeutische Kontakt statt? Welche Auswirkungen auf den Veränderungsprozeß sind daraus zu erwarten?

Die Voraussetzung, daß ein Alkoholiker zwangsweise in die psychiatrische Klinik eingewiesen wurde, ist anders zu bewerten als der freiwillige Beginn einer Alkoholiker-Behandlung in einer offenen Beratungsstelle.

b) Wichtig ist ebenfalls: Welche Unterschiede bzw. Ähnlichkeiten bestehen in den *personenspezifischen Voraussetzungen bei Therapeut und Klient?* Hierzu zählen besonders Alter, Sprachniveau, Erfahrungsbereiche und soziale Schicht.

- Erhebliche Unterschiede im Bereich und im Umfang *persönlicher Erfahrungen* können zu Verständigungsschwierigkeiten vor allem in der Anfangsphase der Zusammenarbeit führen.

  Ein sehr junger Therapeut, der mit mehreren Gleichaltrigen in einer Wohngemeinschaft zusammenlebt, hat z. B. Schwierigkeiten, auf die

Erziehungsprobleme eines jungen Elternpaares einzugehen, oder er kann nur mit Mühe die Ängste eines älteren Klienten im Zusammenhang mit seiner bevorstehenden Pensionierung verstehen.

- Bei beiden Interaktionspartnern können bestimmte – richtige oder falsche – Vorinformationen zu erschwerenden *Voreinstellungen* führen.

  Die Tatsache, daß der Therapeut noch Student ist, kann auf seiten des Klienten zu Skepsis führen, auf seiten des Therapeuten zu dem Bedürfnis, niemals Fehler zu machen oder zuzugeben.

- Seine *persönliche Kompetenz und Betroffenheit im Zusammenhang mit dieser spezifischen Problematik* sollte der Therapeut abschätzen und überprüfen: bisherige therapeutische Erfahrungen mit ähnlichen Problemkonstellationen, das Vermögen des Therapeuten, sich in diese Problematik hineinzuversetzen, und die – evtl. belastende – Ähnlichkeit zu eigenen Problemen.

  Ein Therapeut fühlt sich nicht in der Lage, einen depressiven Klienten zu behandeln, weil ihm eine solche Problematik völlig unvertraut ist. Das »Sich-Hängenlassen« und Jammern des Klienten macht ihn aggressiv und handlungsunfähig.
  Ein anderer Therapeut hat ähnliche Probleme wie der Klient: Auch ihm fällt es schwer, Kontakt zu Mädchen anzuknüpfen und zu intensivieren.

3.3.2. Interaktionsverhalten und Beziehungsstruktur

Während zunächst Voraussetzungen, die in die therapeutische Beziehung von beiden Seiten eingebracht wurden, ausgewertet werden sollten, steht nun die Beziehung zwischen Therapeut und Klient im Mittelpunkt.
Informationen hierüber ergeben sich sowohl aus Verhaltensbeobachtungen, die die Beziehungsstruktur erschließen helfen, als auch durch eine Introspektion des Therapeuten.
Hinweise können hier entnommen werden aus: Blickkontakt, Mimik, Gestik, Tonfall etc. bei Klient und Therapeut, Häufigkeit und Verteilung der Interaktionen sowie aus der qualitativen Bewertung der Interaktionsanteile und -inhalte, wie z. B. Anteil von Initiativverhalten bei Therapeut und Klient. Aus dem Verhalten von Therapeut und Klient erschließbar und durch Introspektion des Therapeuten sowie durch Metakommunikation zwischen Therapeut und Klient zugänglich sind beispielsweise Sympathie-/Antipathie-Gefühle, Empathie und Echtheit.
Zusammengefaßt kann das Interaktionsverhalten und die Beziehung zwischen Therapeut und Klient unter folgenden Aspekten betrachtet werden:

- *interpersonale Anziehungskraft,* z. B.: Existiert zwischen Klient und Therapeut eine einseitige oder gegenseitige Antipathie bzw. Sympathie, durch die der Therapieprozeß beeinflußt werden könnte? Kann der Therapeut die Wirkung eines sozialen Verstärkers für den Klienten erlangen?
- *kommunikative Effektivität,* z. B.: Ist eine Verständigung trotz unterschiedlicher Sprachcodes zwischen Therapeut und Klient möglich? Können sich Klient und Therapeut relativ leicht und glatt (»ohne große Umschweife«) verständigen, oder gibt es häufig Mißverständnisse?
- *kognitive Ähnlichkeit,* z. B.: Existieren starke weltanschauliche Differenzen, und werden diese für den Therapieprozeß relevant? Sind die Wertsysteme etwa bzgl. Ehe und Partnerschaft oder Anspruchsniveau, Leistung etc. ähnlich oder unvereinbar?
- *Ambiguität im Verhalten,* z. B.: Ist der Therapeut in der Lage, sich über den gesamten Therapieprozeß hin eindeutig, stringent und selbstkongruent zu verhalten, oder verunsichert er den Klienten durch sprunghafte Interessenverlagerung bzw. undurchschaubare Wechsel in seinem Vorgehen? Produziert der Therapeut durch paradoxe Anforderungen ungewollt ›double-bind‹-Situationen?

Wir können keine allgemeinverbindlichen Kriterien nennen, wie die Einsichten zu diesen Fragen zu verwerten sind; zu denken wäre an Metakommunikation mit dem Klienten zum Abbau möglicher Barrieren bzw. zur sinnvollen Nutzung vorhandener Unterschiede. Eine weitere Möglichkeit besteht darin, daß der Therapeut für sich selbst abklärt, inwieweit er in der Lage ist, sein Interaktionsverhalten so zu erweitern, daß er die Flexibilität erreicht, auch auf diesen Klienten in günstiger Weise eingehen zu können.

4. *Suchen, Bewerten und Auswählen von Lösungsalternativen – ›Wege zum Ziel‹*

Notwendige Voraussetzung für das Suchen, Bewerten und Auswählen von Lösungsalternativen ist die Kenntnis von Veränderungsprinzipien und deren Konkretisierung. Wir gehen davon aus, daß der Therapeut über die notwendigen psychologischen Fachkenntnisse sowie über Erfahrungswissen verfügt und verzichten darum auf eine inhaltliche Darstellung therapeutischer Prinzipien und Methoden. Unser primäres Anliegen ist hier, diese Phase des Problemlöseprozesses *formal zu strukturieren* und in ihren grundlegenden Schritten transparent zu machen. Die eingefügten Bei-

spiele stellen nur Einzelillustrationen dar und können die einsetzbaren Methoden selbstverständlich nicht abdecken.
Fragestellung dieser Phase ist: Wie kann das gewählte Ziel erreicht werden?

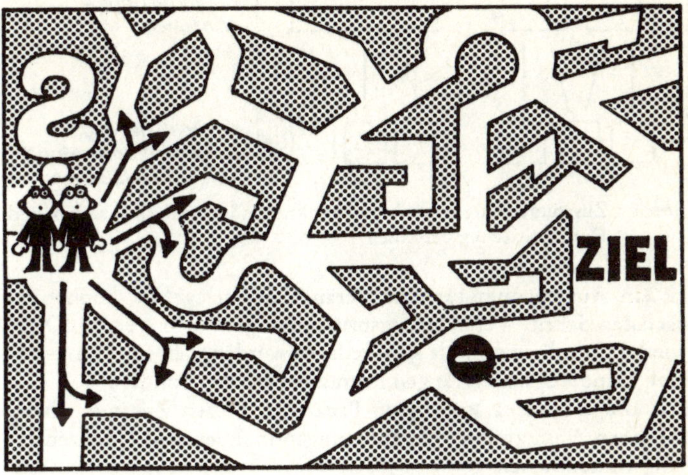

Zunächst muß der *Ansatzpunkt einer Veränderung* festgelegt werden. Unter ›Ansatzpunkt‹ verstehen wir hier denjenigen Interventionspunkt, von dem aus sich am wahrscheinlichsten eine Veränderung in Richtung auf das definierte Ziel initiieren läßt.
Ansatzpunkte können liegen
- auf der Ebene von *Verhalten-in-Situationen* (V-i-S) des identifizierten Klienten oder seiner Bezugspersonen. Die Intervention kann grundsätzlich an allen Bestimmungsstücken des funktionalen Bedingungsmodells (S, E, O, V, K) ansetzen

und/oder
- auf der Ebene von *Regeln und Plänen* des identifizierten Klienten oder seiner Bezugspersonen

und/oder
- auf der Ebene von *System-Regeln* eines oder mehrerer Systeme, zu denen der identifizierte Klient gehört; diese Ebene kann im Hinblick auf das belastete Zusammenleben der Beteiligten u.U. vorrangig zum Ansatzpunkt werden.

Es ist zu überlegen, ob einer oder mehrere Ansatzpunkte ausgewählt werden müssen und – wenn mehrere festgelegt werden – ob diese zeitlich parallel oder sukzessiv bearbeitet werden sollen.

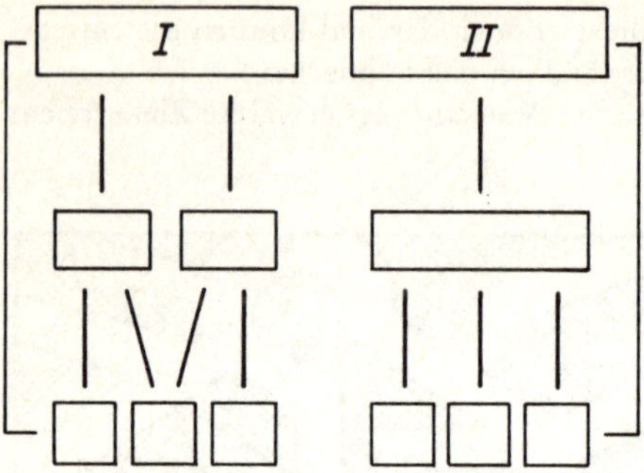

Abb. 7: Zusammenhang von Ansatzpunkt, Veränderungsprinzipien und Konkretisierung derselben

Ist ein Ansatzpunkt für eine Veränderung festgelegt, können im nächsten Schritt Veränderungsprinzipien gefunden werden. Diese wiederum sollten so weit konkretisiert werden, daß sie als umsetzbare Handlungsanweisungen formuliert werden können.
Das obige Schema soll diesen Prozeß, d.h. den Zusammenhang zwischen Ansatzpunkt, Veränderungsprinzipien und Konkretisierung verdeutlichen.

4.1. Diskussion und Auswahl von Ansatzpunkten einer Veränderung – ›*Wo wird der Hebel angesetzt?*‹

Zuerst ist zu fragen, bei *welcher Person/welchen Personen* mit der Veränderung angesetzt werden soll. Unter Zuhilfenahme der zuvor erfolgten Analyse der Probleme auf der Ebene von Verhalten-in-Situationen, von Regeln und Plänen und/oder System-Regeln können mögliche Ansatzpunkte für die Veränderung bestimmt werden.
Beispiele für mögliche Ansatzpunkte:

(1) Thomas (7 Jahre) wird wegen Störverhaltens (besonders bei Tisch und wenn Besuch da ist) vorgestellt. Es zeigt sich im Verlauf des therapeutischen Prozesses, daß die bisherige Reaktion der Mutter (abwechselndes Schimpfen und Lachen) in ungünstiger Weise das Verhalten des Jungen verstärkt. Sie erkennt zwar diesen Bedingungszusammenhang, weiß aber nicht, wie sie sich in der konkreten Situation anders verhalten soll.
ausgewählte Person: Bezugsperson Mutter
– Es liegt ein Defizit im Verhaltensrepertoire vor.
Ansatzpunkt: Ebene des Verhaltens-in-Situationen (V-i-S).

(2) Eine Frau hat den Oberplan, ihrem Mann eine gute Ehefrau zu sein. Daraus leitet sie das Ziel ab: ›er soll sich nie über meine Haushaltsführung

beklagen können‹; eine sich daraus ergebende Verhaltensregel ist: ›das Essen muß immer um 13 Uhr pünktlich auf dem Tisch sein‹. Diese Verhaltensregel der Frau kollidiert mit ihren Interessen, etwa am Vormittag einen Kurs zu belegen.
ausgewählte Person: der identifizierte Klient unter Einbeziehung des Partners
– Es muß hinterfragt werden, ob die Ableitung aus dem übergeordneten Ziel sinnvoll ist.
Ansatzpunkt: Ebene der Regeln und Pläne.

(3) Ein 34jähriger, kauziger und unerfahrener Mann (Herr Kunz) wartet seit Jahren darauf, daß ein 18jähriges, schönes, intelligentes und unberührtes Supermädchen von sich aus auf ihn zugeht und von da ab nur noch für ihn da ist. Hier dürfte es wenig günstig sein, Herrn Kunz auf der Verhaltensebene zum ›Vorstadtcasanova‹ zu trimmen. Sinnvoll erscheint es vielmehr, zuerst die irrationalen Erwartungen des Klienten zum Ansatzpunkt der Veränderung zu wählen und sie mit ihm gemeinsam zu überprüfen.
ausgewählte Person: der identifizierte Klient
– Die Zieldefinition wird auf ihre Rationalität hin überprüft.
Ansatzpunkt: Ebene der Oberpläne (hier: die irrationalen Erwartungen).

(4) Jürgen (16 Jahre) hat seit einem halben Jahr Streit zu Hause, obwohl er eigentlich ein gutes Verhältnis zu seinen Eltern haben möchte. Die Eltern erwarten, daß er alle Unternehmungen mit ihnen gemeinsam macht (vom Sonntagsspaziergang bis zum Jahresurlaub). Seine Eltern interpretieren seine Versuche zu etwas mehr Eigenständigkeit als Symptom eines nicht intakten Familienlebens. Die System-Regel ›eine glückliche Familie macht alles gemeinsam‹ bestimmt ihr Handeln und Denken.
ausgewählte Person(en): die gesamte Familie
– Eine ›altbewährte‹ System-Regel entspricht nicht mehr der aktuellen Familienkonstellation, in diesem Fall der altersgemäßen Bedürfnislage Jürgens.
Ansatzpunkt: Ebene der System-Regeln.

Häufig reicht es nicht aus, nur an einem Ansatzpunkt zu arbeiten. In vielen Fällen muß parallel oder zeitlich verschoben *an mehreren Punkten* angesetzt werden.

(5) Im Falle des Herrn Kunz zeigte sich, daß er auch bei veränderten Erwartungen nicht in der Lage war, überhaupt Frauen anzusprechen, so daß auch sein Kontaktverhalten zu einem Ansatzpunkt für Veränderung wurde.
ausgewählte Person: der identifizierte Klient
– Es liegt ein Defizit im Sozialverhalten vor.
weiterer Ansatzpunkt: Ebene des Verhaltens-in-Situationen (V-i-S).

Schon bei der Wahl des Ansatzpunktes sollten die Betroffenen wie auch der Therapeut mitbedenken, ob überhaupt eine entsprechende Strategie verfügbar bzw. verwirklichbar ist.

›*Nicht verfügbar*‹ kann heißen: Die Strategie ist (mir als Therapeut) nicht bekannt; oder der Therapeut ist mit der Durchführung der Strategie nicht vertraut, er weiß z. B. nicht, wie ein ›flooding‹ oder eine Beck'sche Depressionsbehandlung durchgeführt werden.
›*Nicht-verwirklichbar*‹ kann bedeuten: Ein Partner stellt sich nicht zur Mitarbeit zur Verfügung. Ein Klient hat nicht die finanziellen Mittel zur Verwirklichung der Strategie (beispielsweise Agoraphobie – Klient müßte Auto- und Bahnfahrten bezahlen können, um das stufenweise Sich-Entfernen von zu Hause zu trainieren).

4.2. Diskussion und Auswahl von Veränderungsprinzipien – ›*Wie soll es grundsätzlich laufen?*‹

Sind die Ansatzpunkte ausgewählt, geht es im zweiten Schritt um die (gemeinsame) Suche nach Veränderungsprinzipien. In der Regel dürfte es mehrere Möglichkeiten geben, die gewünschte Veränderung zu initiieren. Das oben aufgeführte Raster soll hier anhand eines Beispiels verdeutlicht werden:

Im Falle von Herrn Kunz werden bzgl. der irrationalen Erwartungen folgende Änderungsprinzipien diskutiert:
1) Kognitive Umstrukturierung des Oberplans (Überprüfung auf seine Rationalität hin; Überlegungen zu den positiven und negativen Konsequenzen, falls dieser Oberplan beibehalten wird).
2) Realitätsüberprüfung, inwieweit auch andere Frauen nett und interessant sein können.

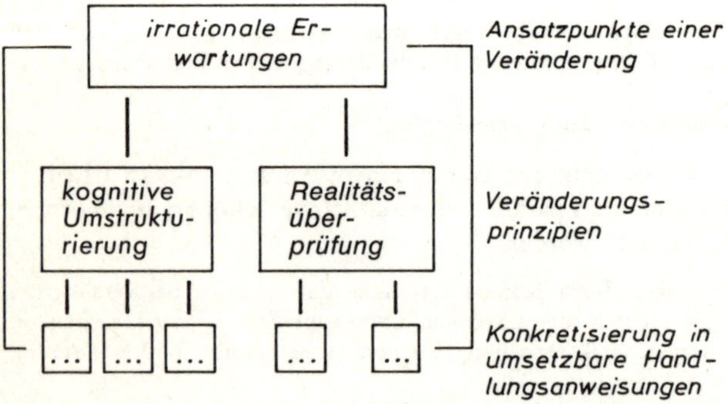

Abb. 8: Beispiel: Ansatzpunkte und Veränderungsprinzipien

Die Veränderungsprinzipien sollten für *jeden* gewählten Ansatzpunkt bestimmt und diskutiert werden; sie können auf einem unterschiedlichen Abstraktionsniveau formuliert sein. Insgesamt halten wir es für wichtig, im Gespräch mit dem Klienten und seinen Bezugspersonen folgendes zu beachten:

- Sichtweise der Betroffenen einholen.
- Wenn notwendig, von der Motivationsanalyse her ›Aufhänger‹ zur Motivierung des Klienten suchen.
- Fehlen dem Klienten hinreichende Kenntnisse über bestimmte Strategien, sollte der Therapeut ausführliche Informationen geben.
- Der Bezug zwischen dem vorgeschlagenen Therapieprinzip und dem gemeinsam definierten Ziel sollte transparent gemacht werden.
- Hat der Therapeut eine andere Einschätzung als der Klient oder die Bezugspersonen, sollte er seine Sichtweise darlegen, seinen Therapie*vorschlag* machen, jedoch keinen Übernahmezwang ausüben.

4.3. Konkretisierung der Veränderungsprinzipien – ›*Kleine Schritte sind die Praxis*‹

Die Frage ist hier: Wie lassen sich die ausgewählten Änderungsvorhaben in einen konkreten Handlungsplan überführen? An diesem Punkt muß die *individuell zugeschnittene Therapieplanung* erfolgen; jeder Klient bedarf eines individuellen auf ihn und seine Lebensbedingungen zugeschnittenen Therapieplans.

4.3.1. Umsetzung der Prinzipien in konkrete Handlungsanweisungen

Die oben festgelegten Veränderungsprinzipien sollen nun so konkretisiert werden, daß Klient und Therapeut sie in praktische Handlungen umsetzen können.
Hierbei kann zunächst in Form eines ›brainstorming‹ vorgegangen werden. Das ›brainstorming‹ soll *verschiedene Möglichkeiten* des konkreten Vorgehens finden helfen, und zwar auch für die *verschiedenen Beteiligten*. Diese Alternativen werden in der Regel mit den Betroffenen gemeinsam gesammelt. Nicht immer wird es dem Klienten oder seinen Bezugspersonen möglich sein, in einem solchen ›brainstorming‹ über ihre Problemstruktur hinausgehende Alternativen zu entwickeln, so daß in manchen Fällen zu überlegen ist, ob der Klient überhaupt hinzugezogen werden kann.
In einem zweiten Durchgang werden die Alternativen gewichtet, d. h. es werden Überlegungen zu den kurzfristigen und langfristigen positiven und negativen Auswirkungen angestellt; zuletzt werden eine oder mehrere dieser Alternativen ausgewählt. Hierzu soll

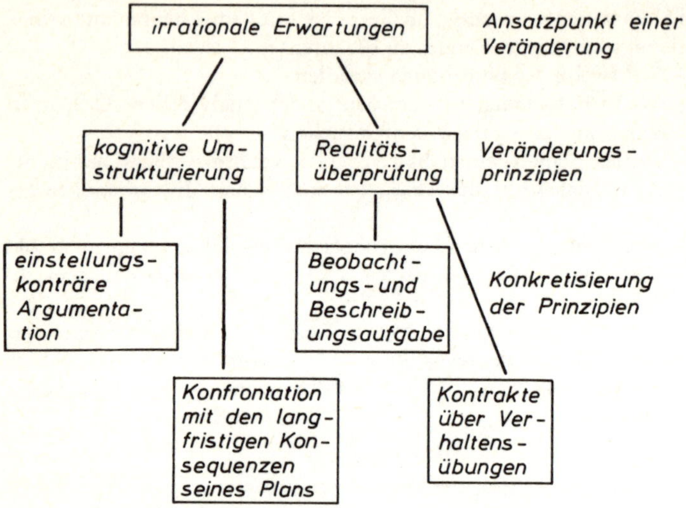

Abb. 9: Beispiel: Konkretisierung der Veränderungsprinzipien

das obige Raster-Beispiel von Herrn Kunz zur Verdeutlichung fortgeführt werden:

Die konkreten Schritte bei Herrn Kunz sahen folgendermaßen aus:
1) einstellungskonträre Argumentation:
Herr Kunz hält einen Vortrag über die Probleme, die eine Beziehung mit einem wesentlich jüngeren und unerfahrenen Mädchen mit sich bringt.
2) Konfrontation mit den langfristigen Konsequenzen seines Plans:
Der Therapeut konfrontiert den Klienten mit seiner Vermutung, daß sein Wunsch nach dem nicht erreichbaren Supermädchen ihn davor schützt, überhaupt in Interaktion mit Frauen treten zu müssen, und zur Folge haben kann, daß er sein Leben lang allein bleiben wird.
3) Beobachtungs- und Beschreibungsaufgabe:
Beobachten und beschreiben, ob die von ihm als unerreichbar definierten, aber attraktiven Frauen auch den Kriterien des Supermädchens entsprechen.
4) Kontrakte über Verhaltensübungen:
Ansprechen einer bestimmten Anzahl von Frauen unterschiedlichen Alters und unterschiedlicher Attraktivität; Sprechen über ganz alltägliche Dinge.

Zu diesem Zeitpunkt sind *verpflichtende Absprachen* zwischen Therapeut und Klienten (z. B. Hinweisreize, Verstärkerplan) in der Regel ausgesprochen handlungserleichternd.
Wir schlagen vor, Überlegungen zur Reihenfolge der Schritte anzuschließen. Man entscheidet sich beispielsweise zunächst nur

für zwei bis drei Schritte, die nachfolgenden kann man u.U. zunächst offen lassen. In anderen Fällen ist es sinnvoll, die Reihenfolge schon vorher genau festzulegen.

›Reihenfolge muß vorher festgelegt sein‹:

Ziel war es, daß die Mutter ihr Kind für erwünschtes Verhalten verstärken, Störverhalten jedoch löschen soll. Hierzu müssen alle wichtigen Details der beabsichtigten Verhaltensalternativen (z.B. für Löschung: sich abwenden, aus dem Zimmer gehen, sich anderweitig beschäftigen) mit ihr durchdiskutiert und bestimmt werden.

›Reihenfolge wird nur für den jeweils nächsten Schritt festgelegt‹:

Im Zusammenhang mit einer Arbeitsstörung ergab sich zunächst, daß der Tagesablauf des Klienten völlig desorganisiert verläuft. Zuerst wird ein Tagesplan erstellt. Bis zur nächsten Sitzung stellt sich heraus, daß der Verstärkungswert anderer Tätigkeiten höher war als derjenige der getanen Arbeit. Jetzt wird ein Selbstinstruktionsprogramm erstellt, das die positiven Konsequenzen durchgängigen Arbeitens betont. Es stellt sich bis zur nächsten Sitzung heraus, daß diese Konsequenzen dem Klienten nichts bedeuten, er es aber trotzdem für nötig hält, seine Arbeit zu erledigen. Jetzt wird im Gespräch die Entscheidung für oder gegen Arbeit zu einem konkreten Zeitpunkt im Tagesablauf thematisiert. (Hier zeigt sich die Verschränkung von Therapie und Diagnose, ein Prozeß, der in der Mehrzahl der Fälle nur in dieser schrittweisen Form vor sich gehen kann.)

4.3.2. Bedenken von Folgen

Die möglichen positiven oder negativen Folgen der unterschiedlichen Schritte sollten ausführlich überdacht und durchgesprochen werden. Dieses Vorgehen kann möglicherweise zur Veränderung des Ansatzpunktes führen.

Ein Jugendlicher hat das Ziel, eine größere Unabhängigkeit von den Eltern zu erlangen. Sein Vorschlag ›Auszug aus dem Elternhaus‹ kann für ihn unterschiedliche Folgen haben: *Positiv:* mehr Unabhängigkeit, bessere Kontaktmöglichkeiten, Wegfall häuslicher Schwierigkeiten; *negativ:* finanzielle Schwierigkeiten, da die Eltern ihre Unterstützung einschränken oder zeitweilig ganz einstellen, Schuldgefühle durch den stets drohenden ›Herzanfall‹ der Mutter aus Kummer über den Auszug ihres ›undankbaren‹ Sohnes. – Es wäre möglich, daß aufgrund dieser Überlegungen ein Gespräch mit der ganzen Familie geplant wird.

4.3.3. Zeitliche Abfolge der Interventionsschritte und der Gesamttherapie

Hier sollen Klient und Therapeut zunächst die globale Entscheidung treffen, ob die Probleme sukzessiv behandelt werden sollen oder ineinander verschränkt.

Ein Klient will zunächst eine Arbeitsstelle finden. Erst dann will er an einem Training zum Aufbau von Kontakten teilnehmen.

Es gilt dabei zu beachten, ob eine Abhängigkeit zwischen den Problemen gegeben ist, so daß sie sinnvoll *miteinander verschränkt* angegangen werden sollten.

Der Waschzwang von Frau F. hat eine deutlich stabilisierende Funktion für die Partnerschaft. Die dermatologischen Beschwerden verlangen eine sofortige symptomzentrierte Behandlung. Gleichzeitig wird eine Partnerbehandlung eingeleitet, da der Wegfall des Symptoms eine Labilisierung der Partnerschaft zur Folge haben würde.

Mit den Betroffenen ist ferner gemeinsam zu überlegen:
- Zu welchem Zeitpunkt soll mit welchem Veränderungsschritt begonnen werden?
- Welche Hilfsmittel können wann und wie herangezogen werden? (z. B. Kurzzeitwecker als Signalreiz)
- Welche Verstärker kommen in Frage? Werden externe Verstärker benötigt oder reicht Selbstverstärkung aus?
- Können Hilfstherapeuten einbezogen werden, und wenn ja, welche?
- Benötigt der Klient Fremdkontrolle? Wenn ja, wie soll sie aussehen?
- Wann kann der Übergang zur Selbstkontrolle stattfinden?

Jetzt ist *innerhalb des Einzelproblems* ein Zeitplan zu erstellen.

Wir haben uns beispielsweise für Desensibilisierung entschieden: Der Klient lernt zunächst Entspannung, gleichzeitig wird eine Hierarchie erstellt, dann folgt Desensibilisierung in sensu, danach Desensibilisierung in vivo, dann wird die weitere Erarbeitung der in-vivo-Übungen angeschlossen.

Falls eine vorläufige *Zeitplanung für die gesamte Therapie* oder für einzelne Schritte nicht schon an früherer Stelle erfolgt ist, sollte mit dem Klienten und eventuell seinen Bezugspersonen jetzt eine Terminierung gesetzt werden. Hat der Therapeut den Eindruck, daß eine genauere zeitliche Begrenzung der Therapie mit dem Klienten noch nicht gemeinsam abgesprochen werden kann, sollte er zumindest für sich allein eine längerfristige Zeitperspektive entwickeln; mit Hilfe solcher Überlegungen wird der Frustration (hier: auch des Therapeuten) vorgebeugt, die Erwartungen werden strukturiert und die Motivation wird erhöht.

5. *Erprobung und Bewertung der Veränderungsschritte – ›Probieren geht über Analysieren‹*

5.1. Methoden zur Erfassung von Veränderungen – *›Optimismus ist gut, kontrollieren ist besser‹*

Für effektives Arbeiten und sinnvolles Ausnutzen der Erfahrungen im Sinne eines sich immer wieder korrigierenden Problemlösevorgehens ist es unbedingt notwendig, *permanente Reflexion* über den Fortgang der Therapie zu betreiben und *Rückmeldung* über die Wirksamkeit bzw. Unwirksamkeit von Veränderungsschritten einzuholen. Zusätzlich zu den Rückmeldungen der Betroffenen ist es ausgesprochen sinnvoll, daß der Therapeut sich ab und zu klarmacht, wie der ›Stand der Dinge‹ im Moment ist. Es ist dabei hilfreich, sich außerdem gelegentlich einen Supervisor hinzuzuholen.
Eine weitere Rückmeldung stellt das Erfassen von *quantifizierbaren Veränderungen* durch sogenannte Kontrollmessungen dar, wobei hier anzumerken ist, daß die gängigen Meßinstrumente entweder sehr symptomspezifisch konzipiert sind oder nur der Erfassung übergreifender Persönlichkeitsvariablen dienen und wenig über die Annäherung an die angestrebten und individuellen Therapieziele aussagen.

Hier müssen Entscheidungen getroffen werden

a) über die *Zeitpunkte* der Datenerhebung:
Vorher-nachher-Messung; Intervallmessung; follow-up-Messung; post-hoc-Messung.
b) über die *Form* der Datengewinnung:
Fragebogen; Paper-pencil-Form; Diagrammführung und andere Protokollierungsformen; Verhaltensbeobachtung; physiologische Messungen.
c) über die *Informationsquelle:*
der Klient selbst; Bezugspersonen; der Therapeut; sogenannte Experten (z. B. Lehrer, professionelle Rater).

5.2. Bewertung des Veränderungsprozesses – *›Häufiger Bilanz ziehen‹*

Zwischenbilanzen – nach jeder Sitzung und/oder nach größeren Therapieabschnitten – dienen dazu, sich zu vergegenwärtigen, wie der bisherige Therapieprozeß verlaufen ist, und wo man im Hinblick auf das angestrebte Ziel im Augenblick steht.

Eine Kurzbilanz nach jeder Sitzung wird der Therapeut in der Regel allein vornehmen; nach größeren Abschnitten halten wir Zwischenbilanzen gemeinsam mit dem Klienten für sinnvoll.
Im Sinne unseres Prozeßmodells schlagen wir vor, ein ›Check-up‹ unter folgenden Gesichtspunkten vorzunehmen:

- was ist bisher erreicht worden?
- welche Vorgehensweisen waren sinnvoll, welche nicht?
- entsprechen die Veränderungsvoraussetzungen denen, die wir seinerzeit definiert haben?
- sind Abweichungen von den geplanten Veränderungsschritten erfolgt und warum?
- hat sich bzw. wie hat sich die Therapeut-Klienten-Interaktion verändert?
- haben wir noch weitere Ziele, die bisher nicht erreicht wurden?

Falls der gemeinsame Problemlöseprozeß – was durchaus nicht ungewöhnlich ist – einmal deutlich stagniert, sich etwa ein ursprünglich definiertes Ziel als nicht erreichbar herausstellt, sollte der Therapeut den Mut haben, möglichst früh mit dem Klienten die *Stagnation* anzusprechen. Beide sollten gemeinsam überdenken, welche Ursachen dafür verantwortlich sind bzw. wo eine Revision angebracht erscheint (z. B. bei der Problemdefinition, bei der Zieldefinition oder bei den eingesetzten Maßnahmen), um dann zu der entsprechenden Phase zurückzukehren und dort mit dem Problemlöseprozeß neu einzusetzen. Liegt der Grund für die Stagnation in der therapeutischen Beziehung begründet, dann sollte eine intensive *Metakommunikation* mit den Betroffenen eingeleitet werden. – In manchen Fällen ist eine Besprechung mit dem Supervisor oder mit Kollegen hilfreich.

5.3. Beendigung der Therapie – ›*Wann machen wir den Absprung?*‹

Haben Klient und Therapeut den Problemlöseprozeß bezüglich eines definierten Problemzusammenhanges gemeinsam durchlaufen, gilt in der Regel die Therapie als beendet. Ein solches Abschließen der Therapie bedeutet nicht, daß der Klient durch die großartige Hilfe des Therapeuten derzeit oder gar für immer von all seinen Problemen befreit von dannen zieht. Begreifen wir vielmehr den Klienten als Lernenden, der bestimmte Fähigkeitsdefizite in bestimmten Phasen des Problemlöseprozesses aufweist, dann sollte das Ergebnis von Therapie (hopefully!) vor allem sein, daß er ein größeres Ausmaß an generellen Problemlösefähigkeiten erworben hat und zu deren Anwendung fähig ist.
Nur unter diesen Voraussetzungen kann man davon ausgehen, daß ein Transfer auf andere Problemkonstellationen zum jetzigen oder einem späteren Zeitpunkt initiiert wird.

Für Rückmeldung über Erfahrungen mit diesem Leitfaden sind wir offen, für konstruktive Rückmeldung sind wir dankbar.

III. Kurzfassung des Leitfadens: Problemanalyse im therapeutischen Prozeß

1. Problemstellung		
1.1. Erste Orientierung über die Problematik	Bestandsaufnahme der aktuellen Probleme	– Gründe bzw. Anlaß für die Anmeldung – Eigen- oder Fremdinitiative – vorherrschende Probleme, Beschwerden, Beeinträchtigungen aus der Sicht des Kl – derzeitige soziale und materielle Situation; Ausbildungsstand, Beruf – persönliche Entwicklung, wichtigste biographische Ereignisse (evtl. Einsatz von Fragebögen und Tests)
	Zusammenfassung der bisher verfügbaren relevanten Informationen zum id. Kl und seinen Problemen	
1.2. Konzeptualisierung und Reflexion der Problemstellung	Erste Strukturierung und Abgrenzung der Problembereiche	Wie erscheint die Problemkonstellation an dieser Stelle – ein einziges, engumschriebenes Problem – mehrere abgrenzbare Probleme nebeneinander – Problem läßt sich weiter ausdifferenzieren in mehrere verschiedene Einzelprobleme

		– Beeinträchtigung des id. Kl weitreichender als zunächst angenommen, neue Probleme aufgetaucht – ursprüngliche Problemdefinition bereits verschoben
		Einschätzung des Verhältnisses der Probleme zueinander
	Auswahl eines Problems	Orientierungskriterien: – subjektive Beeinträchtigung und Belastung des Kl – äußerer Druck und mögliche negative Folgen eines Aufschubs – Erfolgsaussichten; evtl. Motivationsförderung durch Anfangserfolge – Realisierbarkeit einer Therapie zum jetzigen Zeitpunkt und deren zeitliche Dauer – Grad der Angstbesetztheit – funktionale Vor- bzw. Übergeordnetheit eines Problems (sog. »Kernproblem«); entspr. Generalisierungsmöglichkeiten
	Konzeptualisierung und Reflexion der Problemstellung	Suche nach einer gemeinsamen Problemdefinition; dabei Einbeziehung und Abwägung der Sichtweisen des id. Kl, des Th und relevanter Bezugspersonen zum Prozeß und zur Art der Problemstellung (s. auch 2.2., 2.3. und 3.1.)
	Klärung des allgemeinen methodischen Vorgehens	– allgemeine Inhalte und Ziele der Zusammenarbeit – Einführung des Kl in das Konzept – Frage nach der Indikation

2. Analyse der Probleme		
2.1. Ebene des Verhaltens in Situationen (V-i-S)	Auswahl des zu analysierenden Verhaltens	Vorläufige Auswahl, die u. U. revidiert werden muß
	Hypothesen zum funktionalen Bedingungsmodell	Bestimmungsstücke des Modells S = Situationsmerkmale – physikalische Merkmale – Anwesenheit von Personen – Verhalten von Personen – (vorhergehendes) eigenes Verhalten E = Erwartungen an – eigenes Verhalten – Konsequenzen des Verhaltens – angenommene Erwartungen anderer – Standards an eigenes Verhalten O = Organismusbedingungen – genetisch-biologische Funktionsstörungen – eingefahrene psychophysische Reaktionsmuster – aktuelle und überdauernde Drogeneinwirkungen – momentane Bedingungen – erworbene Defizite V = Verhalten – (Vm) motorische Modalität – (Ve) emotionale Modalität – (Vk) kognitive Modalität – (Vph) physiologische Modalität K = Konsequenzen – (Kk) kurzfristige Konsequenzen

		– (Kk) kurzfristige Konsequenzen – (Kl) langfristige Konsequenzen – (Ke) externe Konsequenzen – (Ki) interne Konsequenzen – (K+) positive Verstärkung – (K$\not+$) negative Verstärkung – (K−) Bestrafung – (K$\not+$) Löschung
		Umrahmung der steuernden Konsequenzen
		Charakteristika des Verhaltens – Intensität – Frequenz – Verlaufscharakteristika
	Klassifikation des problematischen Verhaltens	– Verhalten, das durch die vorausgehenden und vermittelnden Bedingungen gesteuert wird (S, E, O) – Verhalten, das vor allem durch die Konsequenzen gesteuert wird (K) – Verhalten, das durch Modellwirkung gesteuert und aufrechterhalten wird – Verhalten, das durch Einschränkung des Wissens und/oder Verhaltensrepertoires aufrechterhalten wird
2.2. Ebene der Regeln und Pläne	Vorgehen bei der Analyse	– von unten nach oben – von oben nach unten
	Beurteilung von Plänen und Regeln	1. Pläne Ziele – Bewußtheit und Transparenz – Rationalität – Widerspruchsfreiheit – sinnvolle Ableitung von Teilzielen

		Strategien – Effizienz (Nebeneffekte) – Verhaltenskompetenz 2. Verhaltensregeln – Regelentsprechung – sinnvolle Ableitung aus Plänen
2.3. Ebene der Systemregeln	Kriterien zur Beurteilung	– sinnvoll – Nichtbefolgung – Effizienz – Widerspruchsfreiheit – Funktion des Problems Veränderungsmöglichkeiten Auswirkungen bestimmter Interventionen
2.4. Entstehung und Ausformung des Problems		ggf. vorher biographische Informationen in einer Zeittafel ordnen
Beginn des Problems	Unter welchen Umständen trat es anfangs auf?	– vgl. die in 2.1. – 2.3. aufgeführten Einzelaspekte – damalige materielle, soziale und psychische Lage des id. Kl – Reaktion der Beteiligten auf das Problem
	Wie läßt sich die Entstehung des Problems erklären?	– Hypothesen zum funktionalen Bedingungsmodell – Klassifikation des damaligen Problemverhaltens – Bedeutung kognitiver, sozialer und emotionaler Lern- und Entwicklungsprozesse – Attributionsprozesse: Erklärungen der Beteiligten

	Kann das Problem bei seiner Entstehung bereits als Folge fehlgeschlagener Lösungsversuche eines oder mehrerer ›Vorläuferprobleme‹ aufgefaßt werden?	Wenn ja, Ordnung der relevanten Probleme in ihrer zeitlichen Abfolge
	Welche Lösungsversuche wurden vom id. Kl selber oder von anderen zu Beginn des Problems unternommen? Beurteilung	Sammlung der Lösungsversuche und Beurteilung anhand der Frage, warum sie nicht erfolgreich waren (Problemlösedefizite?): – Problemanalyse: Genauigkeit, Umfang – Zielanalyse: leitende Vorstellungen, Einengungen – Strategiewahl: Effektivität, Abwägung kurz- und längerfristiger Konsequenzen – Effekte der versuchten Lösung: Erfolg, Mißerfolg; unvorhergesehene Folgen
Weiterentwicklung und Ausformung des Problems	Veränderungen des Problems in der Folgezeit bzw. Konsequenzen des unveränderten Weiterbestehens	Gesichtspunkte der Analyse wie in 2.4./Beginn des Problems
	Erklärungen für die spezifische Ausformung bzw. für das Weiterbestehen	
	Folgeprobleme, die aus der Art der ursprünglichen Problemlösung resultieren	
	Versuche zur Lösung der Folgeprobleme; weitere Versuche zur Lösung des ursprünglichen Problems	Beurteilung der Versuche nach den in 2.4./Beginn des Problems (Lösungsversuche) genannten Kriterien

2.5. Diagnostische Hinweise aus der Therapeut-Klient-Beziehung	Beurteilung der bisherigen Funktionen der therapeutischen Kontakte	– diagnostische Funktion – Beziehungsaufbau – Information über formale Gestaltung der Therapie – Motivationsabklärung
	Ergänzende Hinweise über problemrelevantes Verhalten des Kl in der Therapie	– nicht-interaktionsgebundenes Verhalten – interaktionsgebundenes Verhalten
	Zusätzliche Auffälligkeiten, die bisher noch nicht angesprochen wurden	– nicht-interaktionsgebundenes Verhalten – interaktionsgebundenes Verhalten – ist dieses zusätzliche Problemverhalten dem Kl nicht bewußt, oder vermeidet er, es anzusprechen?
	Läßt sich der Th unbemerkt in problemrelevante Interaktionsmuster des Kl hineinziehen?	– Reflexion mit Kollegen, Co-Therapeuten – evtl. Supervisor hinzuziehen – ist ein gezieltes Hineinbegeben in das System notwendig?
	Welche Veränderungen der Th-Kl-Beziehung sind notwendig?	– Art der Veränderungen – Veränderungen den Betroffenen transparent machen
2.6. Schlußfolgerungen aus der bisherigen Analyse für Zielanalyse und Veränderungsplanung	Zusammenhänge zwischen den Problemen	Rückblick auf die Informationen in 1./Problemstellung – Veränderungen in Problemdefinition oder -konstellation? – wie soll mit den noch nicht analysierten Problemen verfahren werden (weiter zurückstellen oder bis zu dieser Stelle bearbeiten)? – Berücksichtigung typischer Verhaltensweisen des id. Kl mit Problemen überhaupt: z. B. Vernachlässigung oder übermäßig einseitige Bevorzugung einer der Problemlösephasen

Untersuchung genetischer und aktueller Zusammenhänge	– Art der Zusammenhänge und Bezüge – Entstehung zur gleichen Zeit oder unter vergleichbaren Bedingungen – Ähnlichkeiten in der weiteren Ausformung – ist ein Problem Voraussetzung für die Entstehung des anderen? – Gemeinsamkeiten in Plänen und Oberplänen – Ableitung aus einer übergeordneten Systemregel – mehrere Probleme rückführbar auf gleiche ungünstige Problemlösestrategien
Gewichtung der bisherigen Hypothesen	

Schlußfolgerungen aus der genetischen Analyse	– Entscheidung für wichtigste Hypothesen zur Erklärung und Ausformung des Problems
	– Welche Bedeutung messen Kl und Th der Entwicklung bei?
	    – Ausmaß der vermuteten Determination durch die bisherige Entwicklung
	    – starkes oder geringes Interesse an der Klärung früherer Erfahrungen
	– Konsequenzen für Zielanalyse und Veränderungsplanung

Schlußfolgerungen aus der Analyse der aktuellen Problemlage – für den id. Kl	– gibt es einen Schwerpunkt des Problems (Erwartungen, Verhalten, . . .)? – welche Ebene des Problems ist hauptsächlich problematisch? Ebene – des V-i-S

	– der Regeln und Pläne – der Systemregeln – Auswirkungen auf anderen Ebenen; Zusammenhänge und Widersprüchlichkeiten zwischen den Ebenen – was muß bei der Veränderung sonst berücksichtigt werden? – materielle – institutionelle – sonstige Beschränkungen oder Hilfen
– in der Gesamtbetrachtung	– liegt das Problem tatsächlich beim id. Kl? – wo liegt das Problem sonst? – bei einer oder mehreren Bezugspersonen (deren Verhalten, Erwartungen, Pläne usw.) – bei der äußeren Situation (allgemeine und spezielle Gesichtspunkte)
Positive Seiten und Ansätze zur Problemlösung	– den Kl nicht nur im Hinblick auf sein Problem betrachten, sondern: – Beachtung der positiven Anteile und Kompetenzen – Anerkennung früherer und gegenwärtiger aktiver Bewältigungsversuche im Zusammenhang mit dem Problem bzw. mit anderen Lebensbereichen – Aufgreifen erfolgversprechender Ansätze

3. *Zielanalyse* 3.1. Veränderungsvoraussetzungen	Bewertung des derzeitigen Zustandes aus der Sicht des id. Kl, der Bezugspartner und des Therapeuten	– für wie ernst wird das Problem zur Zeit gehalten? (z. B. Erfassung auf 5-Stufen-Skala von ›nicht belastend‹ bis ›unerträglich‹) – Einschränkungen des Freiheitsspielraumes für den id. Kl bzw. seine Bezugspartner (negative Folgen) – vorteilhafte Auswirkungen für den id. Kl bzw. seine Bezugspartner (positive Folgen) – unproblematische und als zufriedenstellend erlebte Lebensbereiche Bewertung der Sichtweisen; ihre mögliche Bedeutung für den Veränderungsprozeß; Abklärung der Übereinstimmungen und Differenzen
	Motivationen und Erwartungen bezüglich des Veränderungsprozesses aus der Sicht des id. Kl und seiner Bezugspartner	– Veranlassung der Therapie durch wen oder was? Welche Gründe gab es dafür? Warum gerade zu diesem Zeitpunkt? (s. auch 1./Problemstellung) – wer oder was soll geändert werden – Stärke des Veränderungswunsches – Erwartungen hinsichtlich der Veränderungsmöglichkeiten und -fähigkeiten – Bereitschaft zum persönlichen Einsatz (Rollenerwartungen, Aktivität, Passivität, Anstrengungsbereitschaft) – Erwartungen an die Form der Therapie und an die Art der therapeutischen Interaktion (Vorinformationen?) – Vorstellungen bezüglich der Zeitperspektive – Einfluß früherer Therapieversuche auf die Motivationslage und geplante Veränderung

		– Motivationslage und Einsatzbereitschaft des Therapeuten (der sich die oben aufgeführten Fragen z. T. auch selbst stellen muß) Bewertung der Sichtweisen; ihre mögliche Bedeutung für den Veränderungsprozeß; bei Differenzen: Klärung der verschiedenen Standpunkte, u. U. Wahl einer anderen Therapieform, eines anderen Therapeuten
	Fördernde und hemmende Faktoren der sozialen und materiellen Umwelt	– welche sozialen und materiellen Bedingungen in der Umwelt des Kl fördern den Veränderungsprozeß? (Möglichkeiten der gezielten Berücksichtigung und Ausnutzung) – welche erweisen sich als hemmend? (Möglichkeiten der gezielten Ausschaltung oder Abschwächung)
3.2. Zielbestimmung		– möglichst positive Zielformulierung

	Sichtweise des id. Kl, seiner Bezugspartner und des Th	– Ziele für den Zustand bzw. die Fähigkeiten der verschiedenen Beteiligten nach dem therapeutischen Veränderungsprozeß
		    – ›endgültige‹ Lösung der anstehenden Probleme und/oder
		    – Steigerung der Problemlösefähigkeiten bei den Beteiligten
		– erwartete positive Folgen für Kl und Bezugspartner
		– erwartete negative Folgen für Kl und Bezugspartner
		– werden bei einem der Beteiligten evtl. andere als die angegebenen Ziele vermutet?
		Bewertung der Sichtweisen; ihre persönliche Bedeutung für den Veränderungsprozeß; Überlegungen zur Aufhebung grundsätzlicher Differenzen

		Problematisierung von Normen, die implizit oder explizit den Zielsetzungen aller Beteiligten zugrunde liegen
	Festlegung von Zielen und Zwischenzielen	– Suche nach einer zumindest für die nächsten Schritte gemeinsamen Zielsetzung; dabei Berücksichtigung der bisherigen relevanten Informationen – Ableitung spezifischer Teilziele; zeitliche Reihenfolge
3.3. Die Therapeut-Klient-Beziehung und ihre Bedeutung für den Veränderungsprozeß	Welcher Einfluß kommt der Interaktion zu?	
	Welche Änderungen sind notwendig bzw. möglich?	– in bezug auf Interaktionsverhalten – in bezug auf Einstellungen – durch Reflexion des Th selbst, mit Kollegen, Co-Th, Supervisor – durch Rücksprache mit Kl
	Formale und personenspezifische Voraussetzungen	Wie wurde die therapeutische Beziehung eingegangen: freiwillig, verwiesen, von wem initiiert? Welche Auswirkungen sind durch den institutionell-formalen Rahmen zu erwarten? (Bezahlung; festgelegte Stundenzahl; Praxis bzw. öffentliche Institution) Personenspezifische Voraussetzungen von Th und Kl: Alter, Sprachniveau, Ausmaß der Erfahrung, Erfahrungsbereiche, soziale Schicht Liegen prozeßhemmende Voreinstellungen vor aufgrund von Vorinformationen: Kl weiß, daß Th Student ist; Th will keinesfalls Fehler machen oder zugeben; Kl ist dem Th von guten Bekannten empfohlen worden

	Persönliche Kompetenz und Betroffenheit des Therapeuten: – Th hat große/sehr wenig Therapieerfahrung – Th kann sich in diese Problemlage nicht hineinversetzen – Th hat selbst ähnliche Probleme – Th glaubt mit dieser Problemlage nicht umgehen zu können
Interaktionsverhalten und Beziehungsstruktur	Interpersonale Anziehungskraft zwischen Th und Kl: – Sympathie-/Antipathiegefühle – kann Th als sozialer Verstärker wirksam werden?
	Kommunikative Effektivität zwischen Th und Kl: – gleiches/unterschiedliches Sprachniveau – ökonomische Verständigung
	Kognitive Ähnlichkeit: – Normensysteme, Werthaltungen – Denkmuster, Denkschemata
	Ambiguität vs. Eindeutigkeit im Verhalten: – Stringens und Selbstkongruenz des Th vs. sprunghafter Wechsel im Vorgehen und Verhalten – Eindeutige Signale vs. ›double-binds‹
Nutzbarmachen der gewonnenen Einsichten	– Metakommunikation zwischen Th und Kl – Selbstreflexion des Th und Rücksprache mit Kollegen

4. Suchen, Bewerten und Auswählen von Lösungsalternativen		
4.1. Diskussion und Auswahl von Ansatzpunkten einer Veränderung	Auswahl der Person(en)	– der (id.) Kl – eine Bezugsperson – mehrere Beteiligte
	Auswahl der Ansatzpunkte	– V-i-S – Regeln und Pläne – Systemregeln
	Bei mehreren Ansatzpunkten	– Festlegung der zeitlichen Reihenfolge

	Verwirklichungsmöglichkeit des gewählten Ansatzpunktes	– ist dem Th eine verwendbare Strategie bekannt
		– kann der Th diese Strategie handhaben
		– ist die Strategie verwirklichbar
		    – sind die Mittel vorhanden
		    – sind die Möglichkeiten vorhanden

4.2. Diskussion und Auswahl von Veränderungsprinzipien	Bei der Auswahl des Veränderungsprinzips/der Prinzipien für jeden Ansatzpunkt	– Sichtweise der Betroffenen einholen – von der Motivationsanalyse her ›Aufhänger‹ zur Motivierung des Kl suchen – Eingehende Informationen über mögliche Strategien geben – Bezug zwischen vorgeschlagenem Therapieprinzip und dem gemeinsam definierten Ziel transparent machen – keinen Übernahmezwang ausüben, sondern Therapievorschlag machen

4.3. Konkretisierung der Veränderungsprinzipien	Umsetzen in konkrete Veränderungsschritte	– ›brainstorming‹ zu Hilfe nehmen – für die verschiedenen Beteiligten Alternativen sammeln – Alternativen gewichten – Alternativen auswählen – Festlegung der Reihenfolge der Einzelschritte – müssen alle Schritte vorher festgelegt sein – muß Rückmeldung abgewartet werden, bevor Folgeschritte geplant werden können – verpflichtende Absprachen treffen
	Bedenken der Folgen	– positive Folgen erwägen – negative Folgen erwägen – ergibt sich aus diesen Überlegungen eine Veränderung des Ansatzpunktes
	Zeitliche Abfolge der Interventionsschritte und generelle Zeitplanung der Therapie	– kann zunächst ein einzelner Problemaspekt angegangen werden – können die anderen Problemaspekte sukzessiv behandelt werden – müssen mehrere Problemaspekte miteinander verschränkt angegangen werden – welcher Schritt zu welchem Zeitpunkt – welche Hilfsmittel wann – welche Verstärker wann – welche Hilfstherapeuten – wie lange Fremdkontrolle – wann Übergang zu Selbstkontrolle – Zeitplanung innerhalb des Einzelproblems – Zeitperspektive zur Gesamtdauer der Therapie entwickeln – möglichst mit dem Kl zusammen überlegen – bzw. Th strukturiert zunächst für sich allein

5. *Erprobung und Bewertung der Veränderungsschritte*		
5.1. Methoden zur Erfassung von Veränderungen	Reflexion und Rückmeldung	– Rückmeldung des Kl/der Betroffenen über Erfahrungen mit der Umsetzung der geplanten Schritte – Reflexion des Th – Rückmeldung vom Supervisor
	Quantifizierbare Veränderungen	– ist Veränderung quantifizierbar – welche Meßzeitpunkte – welche Informationsquellen
5.2. Bewertung des Veränderungsprozesses	Kurzbilanzen	– Th reflektiert allein nach jeder Sitzung
	Zwischenbilanzen mit dem Kl	– was ist bisher erreicht worden – Bewertung der Einzelschritte – Veränderungsvoraussetzungen geändert – erfolgten Abweichungen von Plan und warum – hat sich die Th-Kl-Interaktion geändert – welche Ziele/Zwischenziele noch nicht erreicht
	Stagnation im Veränderungsprozeß	– ansprechen – Ursache überlegen – Revisionspunkt festlegen – Problemlöseprozeß von diesem Revisionspunkt erneut beginnen
5.3. Beendigung der Therapie	Überlegungen zum Zeitpunkt eines Abschlusses	– wieweit ist der Kl in der Lage, selbständig Problemlösestrategien einzusetzen

IV. Therapiebeispiele zur Anwendung des Leitfadens

Frau G. – ›Was ist hier eigentlich das Problem?‹

Bei der Therapie von Frau G. möchten wir die Ableitung der Veränderungsmaßnahmen aus der sich ständig – durch Erfahrungen mit den jeweils vorausgehenden Schritten – ergänzenden Problemanalyse schildern. Um den Charakter des sukzessiven Problemlöseprozesses zu verdeutlichen, schien es uns angebracht, den Verlauf der therapeutischen Zusammenarbeit in dieser Ausführlichkeit darzustellen. Dadurch, daß es sich um *mehrere* Problembereiche handelt, mußte die Darstellung stark aufgegliedert werden, was den Leser hoffentlich nicht zu sehr verwirrt.
Im ersten Teil unserer Darstellung geben wir einen Überblick über die Informationen, die etwa nach der 5. Sitzung zur Problemanalyse vorliegen, und auf denen die Planung der nächsten Phase basierte. Der Veränderungsprozeß sowie dessen Ergebnisse werden im weiteren für längere Phasen der gemeinsamen Arbeit zusammenfassend geschildert.

1. Problemstellung

Frau G. ist 46 Jahre alt, seit 9 Jahren geschieden und lebt mit ihrer 15jährigen Tochter Maria, die noch zur Schule geht, im Vorort einer Großstadt.
Sie hat das Gefühl, von ihren Ängsten völlig beherrscht zu werden. Will sie irgendwo hingehen, so kann sie dies nur in Begleitung ihrer Tochter oder anderer sehr vertrauter Personen. Es ist ihr nicht möglich, öffentliche Verkehrsmittel zu benutzen. Längere Strecken fährt sie stets mit dem Taxi (›der Taxifahrer wird mir schon irgendwie helfen, wenn ich ohnmächtig werde‹). Darüber hinaus hat sie diverse körperliche Beschwerden, die sie auch daran hindern, einer Ganztagsbeschäftigung nachzugehen, obwohl sie das aufgrund der angespannten finanziellen Situation eigentlich gern tun möchte.
Frau G. sieht ihre Angst als das einzige zu behandelnde Problem an, wobei sie großen Wert auf die körperliche Begründbarkeit durch ihren niedrigen Blutdruck und den allgemein schlechten Gesundheitszustand legt.
Für die Therapeutinnen stellt sich schon im ersten Gespräch die

Problemlage wesentlich umfassender dar; es ergeben sich Hinweise auf mögliche andere Problembereiche, über deren Zusammenhang mit den Ängsten zu diesem Zeitpunkt jedoch noch keine Klarheit besteht.

A. Angst (ohnmächtig zu werden, zu sterben) und deren Auswirkungen im Bereich der Sozialkontakte
B. Probleme zwischen Mutter und Tocher
C. Äußern eigener Bedürfnisse.

Wir entschieden uns deshalb dazu, die einzelnen Bereiche zuerst getrennt zu betrachten. Die folgende Darstellung orientiert sich an dieser Dreiteilung.

2. Analyse der Problemlage

A. Ängste

Frau G. hat in bestimmten Situationen Angst, ohnmächtig zu werden und zu sterben, wenn ihr bei einem solchen Anfall niemand hilft. Deshalb muß auch immer eine vertraute Person bei ihr sein. Meist ist das ihre Tochter, die dadurch stark belastet wird. Um einen gewissen Ausgleich zu schaffen, braucht ihr die Tochter im Haushalt nicht zu helfen.

2.1 Ebene des Verhaltens-in-Situationen

Hier sollen zwei typische Situationen betrachtet werden: zuerst eine, in der die Angst tatsächlich auftritt und die Klientin anschließend Fluchtverhalten zeigt, und eine andere, in der Frau G. von vornherein vermeidet.

Die Angst tritt unter folgenden *situativen Bedingungen* auf:

- sie ist *allein zu Hause* (am schwierigsten wäre es, wenn sie die Nacht allein verbringen müßte; deshalb schläft immer eine Verwandte bei ihr, wenn ihre Tochter nicht zu Haus ist.)
- *allein Bus fahren* (je länger die Türen geschlossen bleiben, je voller und heißer es in dem Bus ist, desto mehr Angst hat sie. – Dabei handelt es sich um eine Vermutung, da sie seit Jahren das Busfahren vermeidet.)
- *allein Spazierengehen* (je länger der Weg und je unbekannter die Gegend, desto mehr Angst tritt auf) oder *Fahrradfahren.*

Ist eine sehr vertraute Person bei ihr, die über ihre Ängste Bescheid weiß, reduziert sich die Angst. Unbekannte oder wenig bekannte Personen verringern die Angst nicht.

Angst, wenn sie allein in der Wohnung ist

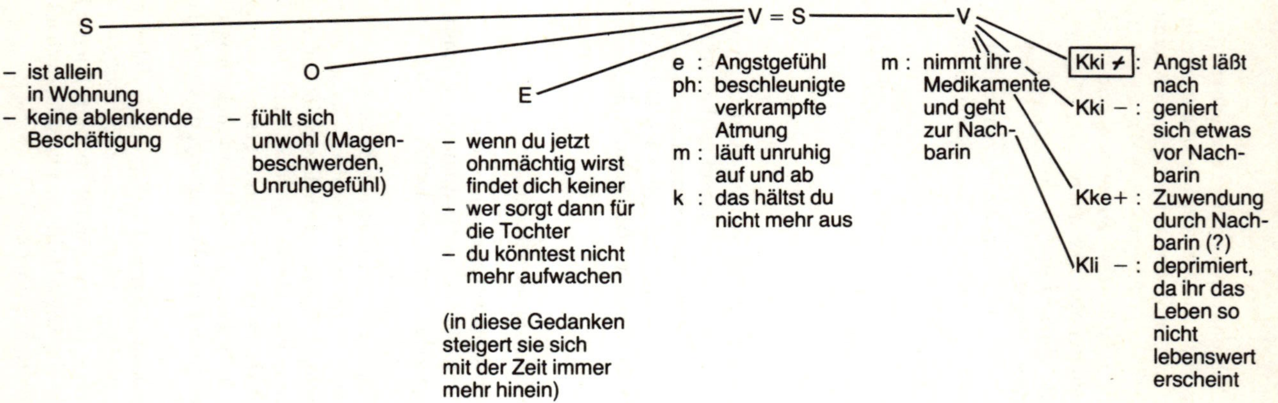

Abb. 10: Frau G.: Verhaltenskette ›Angst‹

Als zweites wird eine Situation geschildert, in der Frau G. Vermeidungsverhalten einsetzt. Dieses Verhalten stellt – wie wir noch sehen werden – eine allgemeine Problemlösestrategie für neue, ungewohnte und als schwierig eingeschätzte Situationen dar (s. S. 98). Wenn Frau G. später über eine solche Situation nachdenkt, erkennt sie sehr wohl, daß sie eigentlich ›gekniffen‹ und gar keine echte Entscheidung getroffen hat. Im Nachhinein fallen ihr meist auch viel mehr Pro-Argumente ein.

Frequenz des Verhaltens

Intensive Angst tritt in letzter Zeit eigentlich nicht mehr auf, da Frau G. erfolgreich vermeidet, oder bei den ersten Anzeichen von Schwäche- und Ohnmachtsgefühlen z. B. eine Taxe ruft (Fluchtverhalten). Das letzte Angsterlebnis liegt etwa drei Monate zurück.
Geringe Angst tritt ab und zu auf: Wenn Frau G. sich relativ wohl fühlt, geht sie gelegentlich allein einkaufen, wird dann aber manchmal doch von leichten Ängsten überrascht. Dies ist etwa einmal in vier Wochen der Fall. Sie geht dann so schnell wie möglich nach Hause.
Entscheidungssituationen, wie sie oben beschrieben wurden, treten etwa alle drei Wochen auf. Meist sagt Frau G. aber schon von vornherein ab. Ihre Bekannten wissen das inzwischen und fragen selten, ob sie bei irgendeiner Unternehmung mitmacht. Frau G. bedauert, daß aus diesem Grund der Kontakt zu einer Reihe von Personen sehr nachgelassen hat.
Verlaufscharakteristika: dem Angstgefühl gehen körperliche Schwächegefühle voraus, dann setzt das Gefühl ein, keine Luft mehr zu bekommen und ohnmächtig zu werden. Bis hierhin steigert sich das Angstgefühl langsam, nimmt schlagartig zu und manchmal panikartige Formen an.
Als *erleichternde Bedingung* für das Auftreten der Angst ist außer den genannten situativen Bedingungen besonders eine schlechte körperliche Verfassung zu nennen. Diese kann verschiedene Ursachen haben: Magenbeschwerden, niedriger Blutdruck, Überarbeitung, Übermüdung. Außerdem tritt die Angst häufiger auf, wenn Frau G. weder körperlich noch geistig beschäftigt ist und ihr keine angstkonträren Selbstverbalisationen zur Verfügung stehen.

Klassifikation des Verhaltens

Das Angstverhalten wird überwiegend durch die vorausgehenden Bedingungen (S, E, O) gesteuert, das Vermeidungsverhalten durch die nachfolgenden Konsequenzen (negative Verstärkung) aufrechterhalten.

Entscheidungsverhalten (mit der Freundin zum Tanzen gehen)

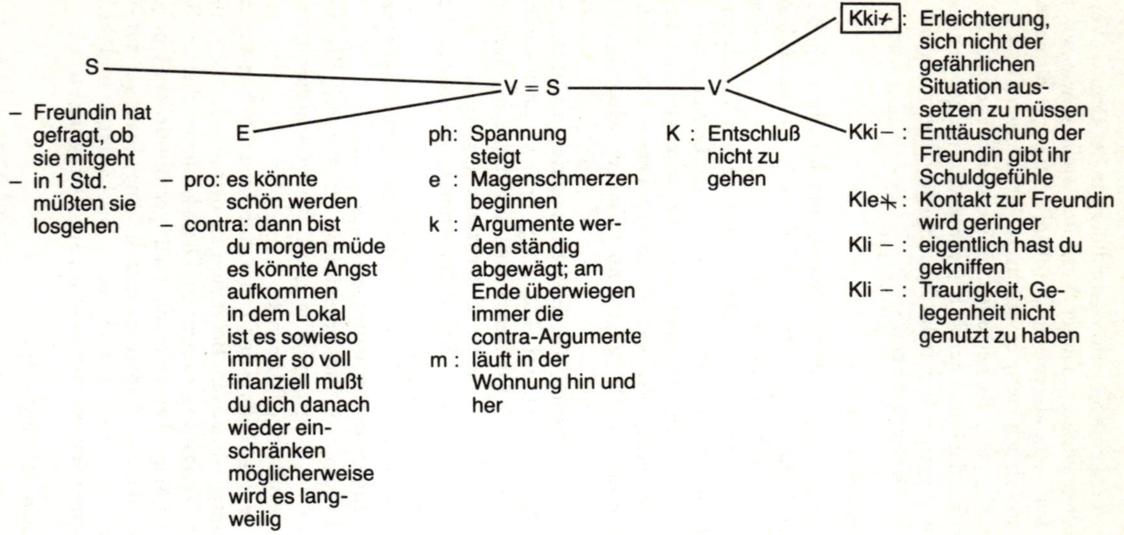

Abb. 11: Frau G.: Verhaltenskette ›Entscheidungssituation‹

2.2. Ebene der Regeln und Pläne

Aus den beiden genannten Beispielen könnten folgende *Verhaltensregeln* abgeleitet werden:

(1) *Wenn ich allein bin und Angst bekomme, gehe ich zu meiner Nachbarin.*
Der entsprechende *Verhaltensplan* (1) läßt sich etwa so formulieren: *Damit ich bei einer Ohnmacht auch wieder aufwache (Ziel), sorge ich dafür, daß immer jemand bei mir ist, der weiß, was er dann tun muß* (Begleitung durch Tochter, Taxifahrer usw.).

(2) *Wenn es mir irgendwie nicht so gut geht, sage ich lieber alle Aktivitäten ab.*
Sie formulierte den *Verhaltensplan* (2): *Ich möchte nicht das Risiko eingehen, einen Angstanfall zu bekommen; deswegen vermeide ich alles, was dazu führen könnte.*

Beiden Verhaltensplänen kann ein gemeinsamer *Oberplan* (1) zugeordnet werden, der unter dem Motto ›Vorsicht ist die Mutter der Porzellan-Kiste‹ steht und – wie wir später sehen werden – auch für andere Lebensbereiche gilt: *Ich möchte kein Risiko eingehen (Ziel), deshalb verzichte ich auch lieber auf Aktivitäten, die angenehm sind (Strategie).*

Betrachten wir die Pläne und Regeln auf dem Hintergrund der angegebenen Kriterien, so läßt sich sagen, daß das Ziel des Oberplans (Vermeidung von Risiko) *rational* und für bestimmte Situationen auch *bewußt* ist. Der hohe *Stellenwert* (Rangordnung) dieses Oberplans ist ihr dagegen *nicht klar.* Mit einem anderen übergeordneten Ziel, nämlich ihr Leben möglichst frei, selbständig und interessant zu gestalten, ist er *nicht vereinbar.*

Die Teilziele im Rahmen der Verhaltenspläne sowie die Verhaltensregeln können immanent als *sinnvolle Ableitungen* aus den übergeordneten Zielen angesehen werden, da derzeit keine *Verhaltenskompetenz* für ein andersartiges Umgehen mit den bedrohlichen Situationen vorhanden ist.

Es ließen sich keine für den Bereich der Ängste relevanten System-Regeln finden.

2.3. Entstehung und Ausformung des Problems

Die Informationen hierzu waren wegen der langen Zeit, die bisher verstrichen war, nicht sehr detailliert und werden daher nur kurz dargestellt.

Als Frau G. 17 Jahre alt war, war ihr Vater sehr krank. Er hatte

Herzanfälle mit Ohnmachten, bei denen sie immer befürchtete, daß ihr Vater irgendwann nicht mehr aufwachen könnte.
Schon als Kind war Frau G. – im Gegensatz zu den übrigen Familienmitgliedern – sehr ängstlich.
Kurz nach ihrer Scheidung vor 9 Jahren erlitt ihre *Tochter* einen schweren Unfall. Vier Wochen lang wußte Frau G. nicht, ob Maria überleben würde. Danach begannen Kreislaufstörungen, Nervosität und Angstzustände, die immer *häufiger* und *stärker* wurden. Frau G. entwickelte schnell ein ziemlich effektives Vermeidungsverhalten, das jedoch eine erhebliche Einschränkung ihres Freiheitsspielraumes zur Folge hatte.
Schon hier kann ein Zusammenhang von körperlichem Befinden oder psychischer Belastung und Angstzuständen festgestellt werden. Da die Entstehung lange Zeit zurückliegt, konnte Frau G. keine Regeln und Pläne finden, von denen sie sicher war, daß sie zu diesem Zeitpunkt schon vorhanden waren.
Die Ängste als *inadäquaten Versuch zur Lösung anderer Probleme* zu betrachten, wird zwar durch die zeitliche Verbindung mit Scheidung und Unfall der Tochter nahegelegt, der Zusammenhang bleibt aber unklar.
Die *bisherigen Lösungsversuche* von Frau G. bestanden in den verschiedensten Formen medizinischer Behandlung (Medikamente, Akupunktur, Kur- und Krankenhausaufenthalte) und in Selbstkontrollansätzen, wobei sie sukzessiv versuchte, ihren Bewegungsspielraum zu erweitern. Diese wenigen Versuche gab sie aber beim ersten Mißerfolg sehr schnell auf.

B. Probleme mit der Tochter

Einige der Probleme, die Frau G. mit ihrer Tochter hat, stehen in unmittelbarem Zusammenhang mit ihren Ängsten. Dadurch, daß Maria sie ständig begleiten muß, glaubt Frau G., sie nicht zusätzlich noch im Haushalt und mit anderen Dingen belasten zu dürfen. Andererseits befürchtet sie, daß Maria später nicht in der Lage sein wird, einen eigenen Haushalt zu bewältigen und selbständig Entscheidungen zu fällen, Fähigkeiten, die sie als Mutter ihr aber vermitteln muß.
Die Probleme scheinen auf seiten von Frau G. vier Komponenten zu haben:

1. Schuldgefühle der Tochter gegenüber wegen deren starker Belastung durch ihre Ängste; demzufolge
2. keine Mithilfe im Haushalt (über viele Jahre), woraus sich
3. Marias Unselbständigkeit ergibt, die bei Frau G. Schuldgefühle hervorruft

4. Mutter und Tochter haben verschiedene Vorstellungen über die zeitliche Organisation und die Ausführung von Arbeiten.

2.1. Ebene des Verhaltens-in-Situationen

Auf dieser Ebene zeigt sich ein weiterer wichtiger Aspekt des Problems, nämlich die Art, wie jeder von beiden versucht, dem anderen seine Vorstellungen zu vermitteln. In der Regel führt dies zu einem eskalierenden Gespräch, das häufig mit Anschreien und Marias Drohung endet, bei Erreichen der Volljährigkeit auszuziehen. Dies ist dann das Zeichen für Frau G., sich zurückzuziehen (»dann weiß ich, daß ich zu weit gegangen bin«). Für Frau G. ist die Aussicht, allein leben zu müssen, ziemlich schrecklich und derzeit völlig unvorstellbar. Sie weiß nicht, wie sie das schaffen könnte.
Zu einer solchen Eskalation im Gespräch kommt es etwa alle acht Wochen einmal. Die Gedanken an Marias Unselbständigkeit beschäftigen Frau G. mehrere Male pro Woche.

2.2. Ebene der Regeln und Pläne

Frau G. fühlt sich verpflichtet, ihrer Tochter die Fähigkeiten zu vermitteln, später selbständig und eigenverantwortlich leben zu können. Dazu fand sie folgenden Verhaltensplan (3):
Damit ich mir später keine Vorwürfe machen muß (Ziel), muß ich Maria im Haushalt anlernen und sie zur Selbständigkeit erziehen.
Teilziele, die sie daraus ableitet, waren u.a.: Maria muß den richtigen Umgang mit Geld lernen; sie muß eine gute Schulausbildung haben; sie soll ihre eigenen Interessen durchsetzen können; sie soll lernen, Entscheidungen für sich selbst zu treffen; sie soll die Haushaltsführung lernen. Gerade die beiden letzten Teilziele konnten bisher nicht verwirklicht werden, da Frau G. (wegen ihrer Schuldgefühle) Maria alles abgenommen hat. Statt dessen hat sie das Ziel verfolgt: *Der Haushalt und Marias Sachen müssen immer ordentlich sein.* Als Strategie im Rahmen eines *Verhaltensplanes* (4) hat sie daraus für sich abgeleitet: *Dann muß ich es selbst tun.* Dieser Verhaltensplan widerspricht damit dem erstgenannten.
Der beiden übergeordnete *Oberplan* (2) lautet etwa: *Ich möchte eine gute Hausfrau und Mutter sein; deshalb tue ich alles, damit ich selbst und andere das auch von mir sagen können.* Frau G. leitet aus demselben Oberplan (gute Hausfrau und Mutter) zwei Verhaltenspläne ab, deren Ziele zwar grundsätzlich vereinbar sind (Maria soll Selbständigkeit lernen – Haushalt und Marias Sachen sollen immer

Verhandlungen über Arbeiten im Haushalt

S — V

Mutter – möchte, daß M. ihr hilft
– beide sind in Küche,

– bittet M. abzuwaschen

Kke+: M. stimmt zu

Kki –: Befürchtungen (s. E) bleiben bestehen

Kki –: sitzt angespannt und wartet ständig darauf, daß M. endlich anfängt (steigende Anspannung)

E

– irgendwann muß sie doch lernen, mit dem Haushalt fertig zu werden
– sie wird es sicher nicht richtig machen
– hoffentlich macht sie es überhaupt
– wenn ich es selbst tun würde, ginge es schneller und ich könnte beruhigter sein
– sie wird den Abwasch sicher stundenlang stehen lassen

nach ca. 10 Minuten: S (s. o. S–K) — V

E

– ich hab's ja gewußt, sie macht es doch nicht

m: mahnt M., macht Vorhaltungen

Kke–: Maria: ›ja, ja, laß mich das doch machen, wann ich will, red mir doch nicht dauernd rein‹

Kki –: fühlt sich unverstanden,

– ich halt das nicht mehr aus
– warum hört sie denn nicht auf mich, ich will doch nur ihr Bestes

e : Spannung, Wut
ph: Unruhe (mit steigender Intensität)

da sie ja nur das Beste will

O

– erhebliche und weiter ansteigende Spannung

nach weiteren 20 Minuten, die eine ständige Eskalation von Aufforderungen und Weigerungen bringen

S (s.o.) ——— V ———

k u.m : ich hab's ja gleich gewußt, daß ich alles selbst machen muß, du wirst schon sehen, was du davon hast
e : Erregung

Kke+ : Arbeit ist ordentlich getan
Kke– : muß es selbst tun
Kke– : M. geht in ihr Zimmer und schlägt die Tür zu: ich zieh sowieso bald aus
Kki – : Ärger, Wut, Enttäuschung über sich selbst und Maria

Diese Interaktionskette wird trotz der negativen Konsequenzen dadurch aufrechterhalten, daß die langfristig zu erwartenden Konsequenzen (Marias Unselbständigkeit) so negativ für Frau G. sind. Es kann von einer Form der Selbstkontrolle gesprochen werden: Sie nimmt die kurzfristig negativen Konsequenzen auf sich, um langfristig doch noch das positive Ziel (Vermittlung von Selbständigkeit) zu erreichen. In der letzten Phase der Kette bricht diese Selbstkontrolle allerdings zusammen, da massiv negative Konsequenzen drohen (M.s Auszug). Es zeigt sich auch ein Defizit, in adäquater Form Wünsche zu äußern und Verhandlungen darüber zu führen.

Abb. 12: Frau G.: Verhaltenssequenz ›Streit mit Maria‹

ordentlich sein), deren Strategien sich aber *widersprechen* (Arbeiten Maria überlassen – alles selber erledigen). Bisher hat Frau G. der lange Atem gefehlt, abzuwarten, ob z. B. der Haushalt langfristig auch dann ordentlich geführt wird, wenn sie Maria einen Teil erledigen läßt; in einer konkreten Situation entscheidet sie sich immer dafür, alles selber zu erledigen (hohe Rangordnung).

2.3. System-Regeln

Eine System-Regel, die in diesem Zusammenhang von Bedeutung ist, formuliert Frau G. so: *Man muß sich so verhalten, daß andere Leute immer gut über einen denken.* Diese Regel wurde ihr schon sehr früh im Elternhaus vermittelt (Was sollen denn die Leute denken?). Aufgrund dieser Regel ist es für sie außerordentlich schwer, einen vorübergehenden Zustand der Unordnung oder Unsauberkeit zu ertragen, wie sie ihn befürchtet, wenn Maria für sich selbst sorgen müßte. (Denn: Es könnte ja überraschend Besuch kommen.)

2.4. Entstehung und Ausformung des Problems

Zu diesem Problembereich ergeben sich wenige Informationen. Schuldgefühle wegen Marias großer Belastung durch ihre Ängste hat Frau G. seit einigen Jahren; das Problem der mangelnden Selbständigkeit ergab sich erst vor einigen Monaten deutlich für sie, als Marias Freund eine entsprechende Bemerkung machte. Die Befürchtungen, Maria könne ausziehen, sind derzeit nicht aktuell, da Maria erst 15 Jahre alt ist und sich eigentlich bisher auch immer alles wieder eingerenkt hat. Trotzdem ängstigen diese Zukunftsgedanken Frau G. ab und zu. Streitigkeiten zwischen Mutter und Tochter hat es eigentlich immer schon mal gegeben, das hält Frau G. auch für normal.

C. Äußern von Bedürfnissen und Wünschen

Das Äußern und Durchsetzen eigener Wünsche und Bedürfnisse fällt Frau G. generell schwer, sowohl früher in ihrer Ehe als auch jetzt in ihrer Beziehung zu Maria. Dies gilt sowohl für materielle Dinge, als auch für Interessen in der Freizeit; Frau G. stellt sich selbst stets hinten an. Sie glaubt, daß daran letztlich auch ihre Ehe gescheitert sei. Auch am Arbeitsplatz möchte sie eigentlich nicht so zurückhaltend mit ihren Ansprüchen sein, sondern sagen, was ihr nicht paßt und was sie ändern möchte (Arbeitszeit, Einteilung der Arbeit, Gestaltung des Arbeitsplatzes usw).

2.1. Ebene des Verhaltens-in-Situationen

Konkrete Situationen, in denen sie eigene Wünsche äußert, besonders wenn sie vermutet, daß sie konträr zu denen anderer Beteiligter sein könnten, treten außer zwischen Mutter und Tochter nicht auf. Sehr effiziente Verhaltensregeln und -pläne verhindern sogar schon, daß Frau G. in der Situation ihre eigenen Bedürfnisse und Wünsche bewußt werden.

2.2. Ebene der Regeln und Pläne

Frau G. löst derartige Situationen mit der folgenden Strategie: *Ich stelle meine eigenen Wünsche immer hinten an.* Zu dieser Handlungsweise fühlt sie sich als *gute Ehefrau und Mutter* verpflichtet (Ziel). Hier treffen wir wieder auf den Oberplan (2), der auch schon im Verhältnis zu ihrer Tochter von Bedeutung war.
Am Arbeitsplatz und generell im Verhältnis zu anderen Personen spielt noch ein anderer Oberplan (3) eine Rolle: *Es soll nicht zu offenen Konflikten kommen (Ziel), deshalb behalte ich meine Wünsche lieber für mich (Strategie).* Zusätzlich spielt das Ziel des Oberplans (1) hier eine Rolle (kein Risiko eingehen). Die gleiche Strategie wird also zur Erreichung verschiedener Ziele eingesetzt.
Während das Ziel (gute Mutter) als *rational* bezeichnet werden kann, ist es *fraglich,* ob die gewählte Strategie zur Verwirklichung *effizient* ist und sich langfristig keine *negativen Effekte* einstellen. Das Ziel des Oberplans (3), möglichst alle offenen Konflikte zu verhindern, kann als *nicht rational* eingestuft werden und war Frau G. bisher nur *teilweise bewußt.*

2.3. System-Regeln

In diesem Problembereich spielt ebenfalls die System-Regel des Problembereichs B eine Rolle: *Man muß sich immer so verhalten, daß die anderen Leute gut von einem denken.* In ihrer Ursprungsfamilie galt darüber hinaus die implizite Vorschrift: *In einer funktionierenden Familie darf es nie zu offenen Konflikten kommen.* Daraus leitete Frau G. für sich den Oberplan (3) ab.

2.4. Entstehung und Ausformung des Problems

Frau G. erinnert sich, daß sie als Kind nie für die Durchsetzung ihrer Interessen sorgen mußte, es war immer jemand da, der ihr half. – Auch in ihrer Ehe äußerte sie nie, was sie eigentlich wollte, bei Problemen hat sie immer ›den Mund gehalten‹. Wenn etwas nicht in Ordnung war, ließ sie das ihren Mann höchstens indirekt spüren (wenig gesprochen, früh schlafen gegangen usw.). Auch als ihr Mann eine Freundin hatte, schluckte sie ihre Verzweiflung in sich hinein. Frau G. glaubte damals, daß das zu ihrer Rolle als gute Ehefrau gehöre. Heute betrachtet sie das als einen *inadäquaten Versuch*, die anfallenden Probleme zu lösen: Ihr Mann schloß aus ihrem Verhalten, daß er ihr völlig gleichgültig und ein Versuch, die Ehe zu retten, von vornherein zwecklos sei (*unerwünschter Nebeneffekt*).

2.5. Diagnostische Hinweise aus der Therapeut-Klienten-Beziehung

Schon bei der Durchsicht der Protokolle der ersten drei Sitzungen und besonders bei der sukzessiven Erarbeitung der Problemanalyse fiel uns auf, daß immer wieder wichtige Informationen fehlten, obwohl wir danach gefragt hatten. Eine Detailanalyse der Sitzungsbänder ergab einen Zusammenhang zwischen ›kritischen‹ Fragen unsererseits und *Schnelligkeit* und *Sprunghaftigkeit der Antworten* bei Frau G. Mit ›kritisch‹ sind hier solche Fragen gemeint, die entweder auf weitere mögliche Problembereiche (außer den Ängsten) eingehen, oder die organische Bedingtheit der Ängste in Frage stellen. Frau G. antwortet dann zwar auf einen bestimmten Aspekt der Frage – der Kernpunkt aber bleibt häufig unbeantwortet.
An der Art zu sprechen fällt bei Frau G. ein spezifisches *Atemmuster* auf, das im Zusammenhang mit der Angst und vor allem der Angststeigerung von Bedeutung ist. Dem kurzen, kräftigen Einatmen folgt das lange Anhalten der Luft und ein kurzes, stoßartiges Ausatmen. Es fällt Frau G. sehr schwer, Instruktionen zur Veränderung dieses Atemmusters zu folgen. Bei entsprechender Aufmerksamkeitssteuerung bemerkt Frau G. selbst, wie sie sich dadurch stark verspannt und in bestimmten Situationen das Gefühl der Luftnot entsteht, sowie eventuelle Angstgefühle gesteigert werden.

2.6. Schlußfolgerungen aus der bisherigen Analyse

Nach der bisherigen Analyse bleiben wir vorerst bei der Hypothese, daß es sich vermutlich nicht nur um *ein* (isoliertes) Problem handelt. Erhärtet wird diese Annahme dadurch, daß die *gleichen Oberpläne* in verschiedenen Lebensbereichen nicht unproblematisch sind (gute Ehefrau und Mutter sein, kein Risiko eingehen, keine Konflikte zulassen). Da Frau G. ihre *Pläne* für viel *bereichsspezifischer* hält als die Therapeutinnen, sie weder als problematisch noch mit der Angst zusammenhängend erlebt, erscheint diese Problemebene als Ansatzpunkt einer Veränderung – zumindest vorerst – nicht geeignet zu sein.
Eine Intervention auf der *Verhaltensebene* im Bereich der Ängste halten wir zu Beginn für effizienter und ohnehin für notwendig, da sich die ablaufenden Reaktionsmuster (besonders die emotionalen, kognitiven und physiologischen Anteile) über die lange Zeit seit der Entstehung vermutlich verselbständigt haben. Über die Auswirkungen der Angstbeeinflussung können dann eventuell später andere Ansatzpunkte angesprochen werden.
Überlegungen zur *Funktion der Angst* im Rahmen einer Systembetrachtung (Mutter-Tochter-Verhältnis) gehen versuchsweise in folgende Richtung: Die Mutter versucht mit Hilfe der Angst ihre Tochter (›das einzige, was mir blieb‹) an sich zu binden. Die Unselbständigkeit erschwert es Maria, die Mutter frühzeitig zu verlassen und sichert so das Zusammenleben.
Bei der weiteren Zusammenarbeit muß beobachtet werden, ob der Oberplan (1) (kein Risiko eingehen) sich hinderlich auf den Veränderungsprozeß auswirkt. Er könnte die Bereitschaft, neues Verhalten auszuprobieren, negativ beeinflussen.
Aus der Strategie, für die nächste Phase die Arbeit an den Ängsten in den Mittelpunkt zu stellen, ergibt sich zwangsläufig, daß die Person, mit der gearbeitet wird, weiterhin Frau G. selbst ist. Ob später die Tochter einbezogen werden soll, bleibt zum jetzigen Zeitpunkt offen.

3. Zielanalyse

Die vorläufige Zielanalyse wurde ebenfalls wie die Problemanalyse nach dem fünften Kontakt erstellt.

3.1. Veränderungsvoraussetzungen

Bei der *Bewertung des derzeitigen Zustandes* ergeben sich Unterschiede zwischen Frau G. und den beiden Therapeutinnen.
Frau G. bewertet die Angstproblematik als »sehr belastend« und ihren Freiheitsspielraum durch die Angst als erheblich eingeschränkt. Die anderen genannten Problembereiche werden von der Angstproblematik in den Hintergrund gedrängt. Frau G. sieht keine positiven Folgen der Ängste.
Die Therapeutinnen schätzen die Probleme von Frau G. ebenfalls als sehr belastend ein. Aus ihrer Sicht steht die Angstproblematik zwar aktuell im Vordergrund, langfristig erscheinen ihnen die beiden anderen analysierten Problembereiche und weitere damit zusammenhängende (z. B. Einschränkung der Sozialkontakte) als ebenso folgenschwer. Der eingeschränkte Freiheitsspielraum ist ihres Erachtens nicht allein auf die Angstproblematik zurückzuführen. Im Gegenteil: Gerade die Zuschreibung von Frau G. »ich kann vieles nicht unternehmen, weil ich Angst habe« hindert sie an der Lösung anderer Probleme. Auf der anderen Seite ist Frau G. mit einer Vielzahl von schwierigen Situationen (Wiederaufnahme des Berufes, Gestaltung der Situation als alleinstehende Frau mit Kind usw.) bisher gut zurecht gekommen.
Die Sichtweise der *Bezugspartner* ist bisher nicht erfragt worden. Bekannt ist, daß Frau G.'s Bruder – neben Maria die wichtigste Bezugsperson – ihre Therapiebemühungen unterstützt. Es ist anzunehmen, daß die Tochter durch die Probleme von Frau G. mitbelastet wird, aber auch zahlreiche angenehme Auswirkungen erlebt.
Die *Therapiemotivation* in bezug auf die Ängste wird zum jetzigen Zeitpunkt als groß eingeschätzt. Frau G.'s Veränderungsbereitschaft richtet sich allerdings vorwiegend darauf, all das zu tun, was ihr die Therapeutinnen vorschlagen. Ihr Vertrauen in die eigenen Veränderungsmöglichkeiten ist eher gering.
Die *sozialen und materiellen Umweltbedingungen* müssen insgesamt als eher hemmend bewertet werden. Ihre finanzielle Situation ist ausgesprochen schlecht, eine Besserung wäre nur durch eine Ganztagsbeschäftigung zu erreichen. Es ist zu erwarten, daß zahlreiche soziale Unternehmungen, aber auch i. e. S. therapeutische Übungen (z. B. lange Bahnfahrten) aus finanziellen Gründen schwer verwirklichbar sind.
Die soziale Situation von geschiedenen Frauen ihres Alters in unserer Gesellschaft wird es ihr objektiv schwer machen, neue Kontakte zu knüpfen. Auch am Arbeitsplatz sind die Kontaktmöglichkeiten sehr eingeschränkt.

3.2. Bestimmung des Zielzustandes

Frau G. nennt als Therapieziel die Reduktion ihrer Angstsymptome. Als sie sich im dritten Kontakt in Form eines Rollenspiels mit ihren Veränderungszielen auseinandersetzt, wird deutlich, welche Hoffnungen sie mit der Verringerung ihrer Angstsymptome verbindet: Sie stellt sich vor, daß sie nach erfolgreicher Angstbehandlung

- sehr unternehmungslustig ist: Viel ausgeht (Theater, Tanzen), in Urlaub fährt,
- ganztags arbeitet,
- weder unter Nervosität, noch Magenbeschwerden und Schwindelgefühlen leidet,
- keine Angst mehr vor dem Alleinsein, Alleinleben und Altwerden hat,
- nicht mehr klagt und jammert, sondern fröhlich mit anderen zusammen sein kann,
- von Tochter und Bruder unabhängig ist.

von seiten der *Therapeuten* werden in der internen Diskussion folgende Therapieziele für die Bereiche formuliert:

A. Angstproblematik

Frau G. sollte angstfrei

- allein in der Wohnung bleiben können, auch dort allein schlafen,
- allein spazierengehen können,
- allein Bus- und Zugfahren.

Zusammenfassend soll Frau G. nicht mehr auf die Begleitung der Tochter oder anderer Personen angewiesen sein und bei evtl. neu auftretenden Angstsituationen mit adäquaten Bewältigungsmaßnahmen anstatt mit Vermeidung reagieren. Ihre Verhaltenskompetenz generell im Umgang mit bedrohlichen Situationen sollte erweitert werden.

B. Probleme mit der Tochter

Frau G. sollte

- nicht mehr auf die ständige Begleitung der Tochter angewiesen sein,
- in der Lage sein, ohne die Tochter zu leben,
- eigene Interessen gegenüber der Tochter durchsetzen lernen,
- ihren Oberplan *›Ich will Maria die Fähigkeiten zur Selbständigkeit vermitteln‹* besser als bisher verwirklichen können,
- die ablaufenden Interaktionsprozesse bei Auseinandersetzungen mit Maria erkennen, ihren eigenen Anteil dabei sehen und evtl. die Eskalation rechtzeitig abstoppen und verändern.

C. Äußern von Bedürfnissen und Wünschen

Frau G. sollte

- die eigenen Bedürfnisse und Wünsche eher als bisher wahrnehmen und als berechtigt akzeptieren,
- in der Lage sein, eigene Bedürfnisse und Wünsche zu äußern,
- und damit ihren Oberplan (3) ›*Es soll nicht zu offenen Konflikten kommen, deshalb behalte ich meinen Wunsch lieber für mich*‹ auf seine Rationalität hin überprüfen.

Es zeigt sich, daß die Therapieziele der Therapeuten sich in den Problembereichen A und B kaum von den Veränderungswünschen der Klientin unterscheiden. Es ist allerdings zu erwarten, daß bei der Konkretisierung der Ziele Differenzen auftreten werden. Der Problembereich C ist bisher noch nicht ausführlich besprochen worden.

3.3. Die Therapeut-Klient-Beziehung und ihre Bedeutung für den Veränderungsprozeß

An formalen und personenspezifischen Voraussetzungen sind zur Zeit keine bekannt, die den Veränderungsprozeß behindern könnten. Der Altersunterschied (die Therapeutinnen sind beide ca. 15 Jahre jünger als die Klientin) hat sich bisher nicht negativ ausgewirkt. Die Therapeutinnen verfügen über umfangreiche Erfahrungen in der Angstbehandlung und halten auch in den anderen Problembereichen ihre therapeutische Kompetenz für ausreichend. Therapeutinnen und Klientin sind sich offensichtlich recht sympathisch. Es ist allerdings zu erwarten, daß die Therapeutinnen andere Vorstellungen als Frau G. darüber haben, wie die Beziehung zwischen Mutter und Tochter aussehen könnte, speziell über Art und Ausmaß von Marias Selbständigkeit.

Probleme in der Interaktion haben sich bisher eher zwischen den beiden Therapeutinnen ergeben. In der aktuellen Therapiesituation verfolgen sie häufiger unterschiedliche Prozeßstrategien, was in manchen Fällen zu stark wechselndem Therapeutenverhalten führt und sich somit indirekt auf die Interaktion mit der Klientin auswirkt.

4. Suchen, Auswählen, Erproben und Bewerten von Veränderungsschritten

Im folgenden sollen die Kap. 4 und 5 des Leitfadens (»Suchen, Bewerten und Auswählen von Lösungsalternativen« und »Erproben und Bewerten von Veränderungsschritten«) zusammen bearbeitet werden. Die etwa neunmonatige Behandlung (19 Kontakte) unterteilt sich unserer Wahrnehmung nach in drei unterscheidbare Therapiephasen und soll darum auch in dieser Dreiteilung dargestellt werden. Nach einem kurzen Gesamtüberblick über die jeweilige Therapiephase werden die ausgewählten Lösungsalternativen und die Erfahrungen, die wir damit gemacht haben, jeweils für die Problembereiche getrennt dargestellt.

4.1. Erste Behandlungsphase (Kontakte 1 – 7)

Die erste Behandlungsphase ist gekennzeichnet durch eine Systematisierung der Selbstkontrollversuche Frau G.'s zur Bewältigung der Ängste. Parallel dazu werden in den Bereichen »Beziehung zur Tochter« und »Äußern von Wünschen und Bedürfnissen« erste Schritte unternommen. Das Vorgehen in der Therapie wird dabei von folgenden allgemeinen Überlegungen geleitet, aus denen sich bestimmte Prozeßziele ergeben:

a) Die Tatsache, daß Frau G. jedem Vorschlag der Therapeuten sofort zustimmt, veranlaßt uns, äußerst vorsichtig mit eigenen Vorstellungen und Planungen umzugehen. Statt dessen werden aktuell auftretende Probleme aufgegriffen und nach dem Problemlösungsmodell (D'Zurilla & Goldfried) bearbeitet, wobei unsere Aufgabe in der Strukturierung des Vorgehens bei der Problemlösung und in der Eröffnung neuer Denkrichtungen zu sehen ist. Alle Lösungsvorschläge sowie Entscheidungen sollen möglichst durch Frau G. erfolgen.
b) Bereits im zweiten Kontakt berichtet Frau G., sie habe sich nach dem ersten Gespräch so gut gefühlt, daß sie kein Taxi genommen habe, sondern zu Fuß nach Hause gegangen sei; ähnliches erlebt sie nach dem zweiten Gespräch. Aufgrund dieser Erfahrungen und der unter a) genannten Überlegungen entscheiden wir uns, den Bereich »Ängste« durch die Planung und Auswertung von Selbstkontrollübungen anzugehen, die Frau G. außerhalb der Sitzungen durchführen soll.
c) Da Frau G. bei der Darstellung und Analyse der Probleme wenig gefühlsmäßige Anteile zur Sprache bringt, diese aber in allen Problembereichen eine große Rolle spielen, sollen sie schwerpunktmäßig herausgearbeitet werden.

Die Problembereiche im einzelnen:

A. Angstproblematik

Als *Ansatzpunkt der Veränderung* wählen wir das Vermeidungsverhalten, die Erwartungen an die Situationen, die Einschätzung

der eigenen Bewältigungsmöglichkeiten sowie auf der Ebene von Regeln und Plänen die allgemeinen Bewältigungsstrategien für bedrohliche Situationen (siehe Oberplan 1) aus.
An *Veränderungsprinzipien* werden eingesetzt:
- Verhaltensbeobachtungen und -umbewertung in Angstsituationen
- Erprobung neuer Bewältigungsstrategien bei Ängsten (Einsatz neuer Selbstinstruktionen, veränderte Atemtechnik)
- Übungen zur Erweiterung des Verhaltensspielraumes
- Einsatz von begleitenden Diagrammen
  - zur Planung und Kontrolle der Aufgaben
  - zur Selbstverstärkung für durchgeführte Übungen
- Aufgreifen neuer Erfahrungen und deren Umformulierung zu Regeln und Plänen

Bewertung der Maßnahmen

Nach einigen Kontakten verstärkt sich der Eindruck, daß die Ängste von Frau G. nicht allein durch Selbstkontrolle zu bewältigen sind. Ihre Angaben zu den Erfolgen werden immer widersprüchlicher; sie benennt Übungen als »Erfolge«, die sie früher als leicht oder sogar unproblematisch eingeschätzt hat. Über mehrere Kontakte »vergißt« sie, eine Liste mit Situationen aufzustellen, die ihr Angst bereiten. Es stellt sich dann heraus, daß sie befürchtet, die aufgelisteten Situationen üben zu müssen, sich jedoch dazu nicht in der Lage sieht. Rückblickend erscheint uns die Intensität, mit der Frau G. sich in den Therapiesitzungen mit allen anderen Problemen außer den Ängsten auseinandersetzt (s.u.) *auch* als Vermeidung gegenüber schwierigen Aufgaben im Bereich »Ängste«.
Das anfangs festgelegte Prozeßziel, besonders Ansätze zur Eigenständigkeit zu fördern, hat die Klientin im Bereich »Ängste« offensichtlich überfordert. Zur Bewältigung der Ängste ist zunächst möglicherweise ein höheres Maß an Fremdkontrolle notwendig.

B. Probleme mit der Tochter und

C. Äußern von Bedürfnissen und Wünschen

In beiden Problembereichen erscheint es uns sinnvoll, daß Frau G. ihre Verhaltenskompetenz erweitert, dazugehörige Regeln und Pläne auf ihre Rationalität hin reflektiert und die Ableitung von

Verhaltensstrategien dahingehend überprüft, ob sie das beabsichtigte Ziel erreichen.
Zur *Veränderung* werden vorwiegend Methoden der klientenzentrierten Gesprächsführung und das Rollenspiel als diagnostisches und verhaltensaufbauendes Mittel eingesetzt. Darüber hinaus treffen wir Absprachen über Aktivitäten zur Erweiterung der Sozialkontakte (Einsatz von Fremd- und Selbstkontrolle).

Bewertung der Maßnahmen

Frau G. beschäftigt sich in dieser Phase sehr bereitwillig und intensiv mit auftretenden Problemen und bestärkt uns zunächst damit in unserer Einschätzung hinsichtlich der Wichtigkeit dieser beiden Problembereiche. Als dann jedoch ein möglicher Zusammenhang zur Vermeidung von Aufgaben im Bereich »Ängste« deutlich wird, werden wir in unserer Einschätzung unsicher.
Es zeigt sich, daß Frau G.s Oberplan (3) *Konflikte vermeiden* auch in der Interaktion mit den Therapeuten wirksam wird. Sie vermeidet es, eigene Vorstellungen einzubringen und durchzusetzen. Statt dessen ist sie bemüht, sich an unseren Einstellungen und Bewertungen zu orientieren.
Bei Versuchen, neu erarbeitete Lösungen in der Beziehung zu ihrer Tochter auszuprobieren, macht sie dieser direkt oder indirekt deutlich, daß diese Lösungen in der Therapie entwickelt worden und von den Therapeuten quasi verordnet seien. Damit gibt sie die Verantwortung für neue Verhaltensweisen ab (Oberplan (1) *kein Risiko eingehen*).

4.2. Zweite Behandlungsphase (Intensivtraining von zwei Tagen und weitere fünf Kontakte)

Die zweite Therapiephase ist gekennzeichnet durch die ausschließliche Beschäftigung mit dem Problembereich »Ängste«. *Ansatzpunkte der Veränderung* sind die Erwartungsangst, das Vermeidungsverhalten, die Bewertung der angstbesetzten Situationen sowie – auf der Ebene von Regeln und Plänen – allgemeine Bewältigungsstrategien für bedrohliche Situationen.
Zur *Veränderung* werden die Methode der Reizüberflutung in Form eines Intensivtrainings und Techniken der kognitiven Umstrukturierung ausgewählt.
Da die Variable »ohne Begleitung sein« in allen Situationen die entscheidende angstauslösende Bedingung darstellt, zur Vermei-

dung von Flucht jedoch Fremdkontrolle zunächst notwendig ist, erscheint uns eine graduierte Form der Konfrontation, in der die Therapeutenanwesenheit schrittweise zurückgenommen wird, am sinnvollsten.
Jeweils nach den zwei Tagen Intensivtraining, die im Abstand von zwei Wochen stattfinden, schließen sich Selbstkontrollübungen an, die in den folgenden Kontakten ausgewertet werden. Hierbei werden – wie auch nach jeder Konfrontationsübung – die Erfahrungen durchgesprochen und zur Unterstützung der Generalisierung in Form allgemeiner Verhaltensregeln formuliert (Beispiel: *Jedesmal, wenn ich mich nicht gut fühle, laß ich mich nicht mehr hängen, sondern übe erst recht*).

Bewertung der Maßnahmen

Frau G. stimmt – wie so oft vorher – ziemlich schnell dem vorgeschlagenen Verfahren zu. Sie äußert zwar vor Beginn der Reizüberflutungstherapie erhebliche Erwartungsängste, während des eigentlichen Trainings tritt dann jedoch kaum Angst auf. Dies ist an sich für ein derartiges Training nicht ungewöhnlich, erstaunlich ist allerdings, daß Frau G. sich selber nicht darüber wundert. Es zeigt sich, daß sie ihre Übungserfolge lediglich auf ihren momentan guten Allgemeinzustand zurückführt – eine Attribuierung, die sich im folgenden als recht stabil und für den Veränderungsprozeß als hinderlich erweist.
Bei einigen der Aufgaben fällt auf, daß Frau G. auch deutliche Verhaltenslücken aufweist (so weiß sie nicht, wie man Zug fährt oder hat Schwierigkeiten, sich in unbekannter Gegend zurechtzufinden). Hier vermuten wir, daß sie unbekannten Situationen *auch* deshalb ausweicht, weil sie für diese keine geeigneten Verhaltensstrategien zur Verfügung hat.
Aufgrund dieser Beobachtungen versuchen wir in den Gesprächen über die gemachten Erfahrungen, zwei wichtige Pläne von Frau G. umzustrukturieren: Erstens muß sie die Erfahrung machen, daß sie auch bei schlechter körperlicher Verfassung mit den Situationen und evtl. auftretenden Ängsten umgehen kann (Veränderung der Verhaltensregel 2). Zweitens muß sie lernen, über angstbesetzte Situationen hinaus allen unbekannten und damit für sie bedrohlichen Aufgaben nicht auszuweichen, sondern allgemeine Strategien zu ihrer Bewältigung zu erwerben (Veränderung des Oberplans 1).

4.3. Dritte Behandlungsphase (Kontakte 15 – 18)

Diese letzte Therapiephase ist gekennzeichnet durch die Zweifel der Therapeutinnen, ob Frau G. im Bereich der Ängste nun allein zurechtkommt. Basierend auf der anfangs erstellten Problemanalyse erhebt sich die Frage, ob auch an den anderen Problembereichen, die in der zweiten Therapiephase in den Hintergrund geraten waren, weitergearbeitet werden soll. Dem diesbezüglichen Vorschlag der Therapeuten stimmt Frau G. zu, wobei unklar bleibt, ob es sich bei dieser Zustimmung um ihre allgemeine Ja-Sage-Tendenz oder um ein echtes Bedürfnis handelt.

A. Angstproblematik

Ziel der dritten Therapiephase ist in diesem Problembereich eine Stabilisierung der neu erworbenen Verhaltensweisen und der dazugehörigen Regeln und Pläne.
Hierbei bestätigen sich die bisherigen Erfahrungen: Bei gutem körperlichen Allgemeinzustand traut Frau G. sich einiges zu und bewältigt vormals angstbesetzte Situationen problemlos, wenn auch teilweise noch mit Erwartungsängsten. Fühlt sie sich körperlich unwohl, erwartet sie Mißerfolge und vermeidet häufiger. Auch positive Erfahrungen bei schlechtem Gesundheitszustand verändern diese Erwartungen nicht grundsätzlich. Es gelingt nicht vollständig, diese Attributionsprozesse zu verändern.

B. Probleme mit der Tocher und

C. Äußern von Wünschen und Bedürfnissen

Aktuell auftretende Probleme aus diesen beiden Bereichen werden weiterhin nach dem Problemlöseansatz bearbeitet. Stärker als in der ersten Behandlungsphase werden dabei die *allgemeinen* Strategie zur Lösung interpersoneller Probleme zum Ansatzpunkt der Behandlung. Es zeigt sich, daß Frau G. zum einen Defizite in der Phase der Problemdefinition aufweist, insbesondere fehlen ihr Fähigkeiten, hinreichende Informationen für die Umschreibung und Konkretisierung des Problems einzuholen. Zum anderen nimmt sie häufig eine Fehleinschätzung der Konsequenzen vor (z. B. *Alle Leute werden mich ablehnen, wenn Maria nicht sauber und ordentlich gekleidet ist*).
Dagegen ist sie sehr wohl in der Lage, Lösungsalternativen zu entwickeln und deren notwendige Realisierungsbedingungen zu durchdenken.
Hierbei tauchen dann allerdings Schwierigkeiten auf: Schlagen wir

vor, die diskutierten Lösungsalternativen zu erproben, weicht Frau G. häufig aus und bagatellisiert das Problem.

Die manchmal erhitzt ablaufenden Diskussionen über den Verlauf der Therapie zwischen den Therapeutinnen kreisen zu dieser Zeit um die Fragen: Will Frau G. über die noch anstehenden Probleme reden, weil sie mit ihnen nicht allein zurechtkommt, weil sie uns einen »Gefallen« tun will oder weil es einfach angenehm ist, uns als Gesprächspartner zur Verfügung zu haben? Daraus ergibt sich die Frage: Reden *wir* Frau G. Probleme ein oder versucht *sie*, tatsächliche Probleme aus Angst vor konkreten Lösungsschritten im nachhinein zu bagatellisieren?

In einem anschließenden Gespräch über diese Fragen beschließen Klientin und Therapeutinnen, die Therapie zu beenden. Frau G. glaubt, die restlichen Probleme allein bewältigen zu können. Ein letzter Kontakt soll nach dem geplanten Urlaub von Frau G. stattfinden, in dem sie die bisher erworbenen Fähigkeiten auf neue Situationen übertragen will.

5. *Abschließende Bewertung der Veränderungsschritte*

Der letzte therapeutische Kontakt findet etwa neun Monate nach Therapiebeginn statt. In dieser Sitzung ziehen wir gemeinsam Bilanz.
Im folgenden eine zusammenfassende Bewertung der Veränderungen:

A. Zur Angstproblematik

- Frau G. ist nicht vollständig angstfrei, es treten noch vereinzelt Erwartungsängste auf, ebenso Angst in neuen Situationen.
- Sie kann insgesamt bessser mit ihren Ängsten umgehen; ihre Verhaltensregel für den Umgang mit Erwartungsängsten veränderte sich. Während sie früher formulierte ›*Wenn ich mich schlecht fühle, muß ich mir alles erleichtern*‹, handelt sie jetzt nach der Regel ›*Wenn ich mich schlecht fühle, muß ich gerade üben*‹.
- Tritt aktuelle Angst auf, flieht sie nicht mehr, sondern verbleibt in den Situationen, da sie weiß, »daß das schnell vorübergeht und nichts passiert«.
- An konkreten Fortschritten im Bereich »Ängste« sind zu nennen:
  — die Urlaubsfahrt mit dem Zug in einen 500 km entfernten Ort

— Bewältigung von früher stark angstbesetzten Situationen im Urlaub (Seilbahn fahren, Bergsteigen)
— Sie hat bereits mehrere Tage und Nächte hintereinander allein in ihrer Wohnung verbracht
— Sie bewegt sich in ihrem Wohnort allein sowohl zu Fuß als auch mit dem Bus entsprechend ihren Bedürfnissen und den Notwendigkeiten.

- Frau G. nimmt weiterhin Beruhigungsmittel, möchte jedoch erproben – zunächst am Wochenende – ohne sie auszukommen.

B. Probleme mit der Tochter

- Frau G. erlebt sich selber als unabhängiger von Maria und ist froh darüber. Sie bezeichnet das Verhältnis zu ihr als »unproblematischer«. Wie sich das in der konkreten Interaktion festmacht, ist nicht ganz einschätzbar. Möglicherweise hat das geringere Ausmaß an Abhängigkeit zu einer Entspannung und Entlastung der Beziehung geführt.
- Andererseits bedauert sie auch, nicht mehr so viel mit Maria gemeinsam zu unternehmen. Sie sieht jedoch ein, daß Maria »ihren Freiraum braucht«. Frau G. kann sich vorstellen, im nächsten Jahr allein in Urlaub zu fahren.

C. Äußern von Wünschen und Bedürfnissen

Da zu diesem Problembereich weder Fragebogendaten noch Verhaltensproben erhoben wurden, kann eine quantifizierbare Einschätzung der Veränderungen nicht vorgenommen werden. Wir haben insgesamt den Eindruck, daß Frau G. sensibler für ihre eigenen Bedürfnisse geworden ist und diese auch verstärkt akzeptiert. Gegen das Äußern und Durchsetzen von Bedürfnissen sprechen aber oft noch »gewichtige Argumente«: *Ich will mich nicht aufdrängen, es ist mir ja gar nicht so wichtig!*

Weitere Veränderungen

- Frau G. arbeitet nicht mehr halbtags, sondern hat nun eine $^3/_4$-Stelle. Sie überlegt momentan, ihre Stellung zu wechseln und eine Ganztagsstelle zu übernehmen.
- Sie schätzt ihre körperlichen Beschwerden z. Z. als geringer ein.
- Die Anzahl der Sozialkontakte hat sich bisher nicht verändert. Frau G. ergreift keine Initiative, weil sie sich nicht »aufdrängen« möchte.

Zusammenfassende Bewertung

Die noch vereinzelt auftretenden Ängste geben zur Skepsis bzgl. der Stabilität des Erreichten Anlaß. Wir befürchten, daß Frau G.

ohne unsere Fremdkontrolle häufiger vermeiden wird, besonders wenn es ihr körperlich schlecht geht (niedriger Blutdruck). Insgesamt halten wir ihre Selbstkontroll- und Generalisierungsfähigkeiten immer noch für relativ gering.
Positiv ist zu sehen, daß sie im Vergleich zu Therapiebeginn neue, ungewohnte Situationen in verschiedensten Lebensbereichen mutiger und aktiver angeht.
Frau G. selber bewertet ihre jetzige Situation als zufriedenstellend.

André F. – »Mehr desselben« löst noch nichts!

Wir beschreiben in diesem Kapitel die Therapie eines *Klienten mit Arbeitsproblemen* (Übersichtsliteratur: Braun, 1978; Florin & von Rosenstiel, 1976).
Nach einer ersten Klärung der Problemstellung sah unser *allgemeines Vorgehen* in der Regel folgendermaßen aus: In den einzelnen Sitzungen definierten Klient und beide Therapeutinnen zunächst gemeinsam den jeweils aktuellen Problemstand und untersuchten, welche Strategien André selbst zur Lösung mit welchem Erfolg eingesetzt hatte. Diese Strategien wurden dann im Hinblick auf ihre Angemessenheit für das angestrebte (Teil-)Ziel eingeschätzt und entsprechend korrigiert, oder es wurden völlig neue Vorgehensweisen gesucht und ausgewählt. Kurze Telefonkontakte dienten dazu, zwischendurch die Erfahrungen auszutauschen, so daß für die nächste Sitzung der jeweilige Problemstand für alle Beteiligten bereits in groben Zügen bekannt war.
Dabei orientierten wir uns nicht einfach nur an dem *Ziel,* die Lösung der konkreten, aktuellen Probleme voranzutreiben, sondern wir strebten vor allem die Verbesserung bzw. Reaktivierung der Fähigkeiten des Klienten an, den Problemlöseprozeß möglichst früh immer wieder selbst in Gang zu setzen und erfolgreich durchzuführen. Die Frage, wie weit uns dies mit der Zeit gelang, reflektierten wir nach längeren Therapieabschnitten gemeinsam. Besonderen Wert legten wir dabei auf möglichst weitgehende Transparenz und gleiche Aktivitätsverteilung mit zunehmender Eigenverantwortlichkeit des Klienten.
Die Darstellung der Therapie folgt diesem allgemeinen Vorgehen und ist entsprechend in *sechs Ereignisabschnitte* untergliedert, an die sich jeweils eine zusammenfassende, an den Hauptschritten des Leitfadens orientierte *Reflexion* zum Problemstand und zu den Veränderungen der Problemlösefähigkeiten des Klienten anschließt. Der Bericht wurde auf der Grundlage der Sitzungs- und

Telefonatsprotokolle in stark verkürzter Form angefertigt; er beschränkt sich größtenteils auf die Behandlung der Arbeitsproblematik.

Erste Phase: Problemstellung und Einstieg in die Therapie (1/2 Woche)

André (25 J.), Soziologiestudent im 12. Semester, kommt u.a. zur Beratung, weil er seit längerem Probleme beim Schreiben seiner *Examensarbeit* hat, die er im Rahmen eines Projekts anfertigt. Hier arbeitet er seit ca. eineinhalb Jahren mit einer Gruppe zusammen an einer empirischen Untersuchung: Datenerhebung und statistische Auswertung wurden gemeinsam vorgenommen und sind bereits abgeschlossen. Während der Projektdurchführung hat er in allen Phasen aktiv und mit viel Interesse mitgearbeitet; er meint, einen relativ guten Überblick über die Thematik zu haben. Der Klient hat allerdings bisher noch keinen zusammenhängenden Abschnitt formuliert, sondern sich bei der Lektüre, während der Gruppendiskussionen oder auch bei seinen Überlegungen immer nur kurze Notizen zu den verschiedenen Problemen gemacht. Nun steht er »vor einem Berg« ungeordneten Materials, das er teilweise gar nicht mehr entschlüsseln kann.
Seit einem halben Jahr versucht er – wie die anderen Projektteilnehmer auch, sich allein intensiv auf die schriftliche Abfassung seiner Arbeit zu konzentrieren. Da er nicht wußte, wie er das Ganze »anpacken« sollte, arbeitete er ungefähr vier Monate lang relativ wenig und unsystematisch – durchschnittlich ca. zehn Stunden in der Woche – an verschiedenen inhaltlichen und methodischen Problemen, ohne aber mit dem Schreiben Fortschritte zu machen. In den letzten zwei Monaten verspürte er zunehmend mehr Druck; er steigerte seine Arbeitszeit auf ca. sechs Stunden am Tag. Seitdem *bemüht er sich immer wieder, mit dem Schreiben anzufangen,* stößt aber schon bei Vorüberlegungen dazu regelmäßig auf eine Fülle von Einzelfragen, mit denen er sich dann zuerst noch beschäftigen »muß«. Eine Klärung erhofft er sich dabei vor allem von der erneuten, noch gründlicheren Durchsicht der bereits zum Teil sogar mehrmals gelesenen Fachliteratur bzw. von der Suche und Lektüre weiterer Arbeiten im thematischen Umfeld. Der Klient sieht sich nicht in der Lage, den Stoff zu strukturieren und zielgerichtet zu verarbeiten; immer wieder gerät er vom »Hundertsten ins Tausendste«.
Er hat den Eindruck, daß seine *Konzentrationsfähigkeit* im Laufe dieser Zeit stark nachgelassen hat; oft sitzt er am Schreibtisch und schweift gedanklich in eine allgemeine, depressive Richtung ab: er

fragt sich, was er machen soll, wenn er das Examen nicht zum vorgesehenen Zeitpunkt schafft und findet keinen Ausweg. Dagegen kann er sich in Situationen, in denen er gerne einmal abschalten möchte, kaum noch innerlich von der Arbeit lösen: die Gedanken daran und der Anspruch, eigentlich dauernd etwas dafür tun zu müssen, verfolgen ihn den ganzen Tag über bis in den Schlaf. Mit dem äußeren zeitlichen Druck wächst in letzter Zeit auch seine innere Spannung und Unruhe bis hin zu Panikanfällen. Die Arbeit muß in dreieinhalb Monaten abgegeben werden; ein Aufschieben des Termins erscheint aus schwerwiegenden finanziellen und studientechnischen Gründen nicht möglich.

A. hat zur Binnengliederung oder *Strukturierung* der einzelnen Kapitel, deren Abfolge im Rahmen der Gesamtarbeit ihm wohl klar ist, bisher keine Entscheidungen treffen können, sondern hauptsächlich »im Kopf« Überlegungen dazu angestellt, welche Inhalte dort überhaupt vorkommen sollten. Vor einigen Wochen hatte er sich noch jeweils vor Beginn des Arbeitens »feste« *Ziele* gesetzt, beispielsweise: »heute den Anfang eines bestimmten Kapitels schreiben!«; da sich diese Ziele jedoch immer als zu umfangreich und zu unklar erwiesen und mit seinem Vorgehen nie erreichbar waren, hat er es inzwischen aufgegeben, sich überhaupt vorher inhaltlich oder zeitlich definierte Aufgaben vorzunehmen. Entsprechend dieses Rückschritts in eine wiederum völlig unstrukturierte globale Zielsetzung in dem Sinne »irgendwie die Arbeit ganz schnell zu Papier bringen!« erscheint seine Arbeitsweise momentan sehr hektisch und fast chaotisch (s. u.).

André weist darauf hin, daß schriftliche Arbeiten »noch nie seine Stärke gewesen« seien, vor allem das Strukturieren und Zusammenfassen sei ihm seit jeher schwergefallen. Diese Einschätzung rührt aus seiner Schulzeit her, wo er im Aufsatz fast immer nur knapp ausreichende Leistungen erbrachte. Der Klient ist in der Schweiz zweisprachig aufgewachsen und erst mit 14 Jahren nach Deutschland gekommen. Er hat hier ein Gymnasium besucht. Bereits in der Schweiz hatte er Probleme im Fach ›Deutsch‹, und seine schriftlichen Schulleistungen waren bis zum Abitur außerdem durch eine schwere Legasthenie beeinträchtigt. Obwohl in der Familie früher vorwiegend französisch gesprochen wurde, konnte er sich in Deutschland – was die *mündlichen Ausdrucksmöglichkeiten* angeht – relativ gut umstellen, und er spricht auch in den Therapiesitzungen meist sehr flüssig und fast akzentfrei. Er betont selber – und den Therapeutinnen fällt dies ebenfalls auf –, daß er keine Schwierigkeiten hat, mündlich über die Inhalte und Probleme seiner Arbeit zu berichten. A. hält seine sprachlichen Fähigkeiten für so ausreichend, daß er sich die selbständige schriftliche Formulierung seiner Arbeit in einer ersten Fassung zutraut; er hat sich schon darauf eingestellt, den Text möglicherweise erst einmal in alltagssprachlicher Form auch fehlerhaft zu verfassen und dann mit Hilfe seiner Freundin zu korrigieren.

Seine Freundin ist Grundschullehrerin (24 J.), und beide leben seit ungefähr drei Jahren zusammen. Sie ist sehr daran interessiert, ihm bei der Arbeit zu helfen, kennt sich allerdings inhaltlich kaum aus und beschränkt sich momentan auf Nachfragen, Ermahnungen und Ermunterungen. Der Klient hat den Eindruck, daß er ihr seine Probleme nicht richtig verdeutlichen und daß sie momentan zur Lösung auch nicht viel beitragen kann. Er erhofft sich ihre Unterstützung für eine spätere Phase, wenn die Überarbeitung der ersten Fassung ansteht. Die Möglichkeit, mit Kommilitonen aus dem Projekt streckenweise zusammen zu arbeiten, ist nach Einschätzung des Klienten im Augenblick ebenfalls nicht realisierbar: alle seien mit ihren eigenen Arbeiten ausgelastet.

Der Klient leidet in letzter Zeit außerdem unter schweren *Einschlafstörungen* und einem häufig auftretenden Druckgefühl im Kopf, das sich gelegentlich bis hin zu starken *Kopfschmerzen* steigert. Er ist deswegen aber bisher noch nicht zum Arzt gegangen – »weil das zuviel Zeit kosten würde« – und nimmt seit ungefähr vier Monaten Schlaf- und Schmerztabletten sowie Beruhigungsmittel in überhöhter Menge (Valium, Thomapyrin, Adumbran; insgesamt ca. 25–30 pro Tag), die er sich von Bekannten besorgen läßt. Auf diese Weise kann er die Beschwerden und seine innere Unruhe, die für ihn in engem Zusammenhang mit der Belastung durch die Examensarbeit stehen, relativ erträglich halten. Da er inzwischen bei sich eine zunehmende Gewöhnung an die Mittel bemerkt hat, sieht er zwar die Gefahren der *Medikamentenabhängigkeit,* aus demselben Grund erwartet er aber auch, daß eine ernsthafte Herabsetzung der Dosis bzw. ein totaler Verzicht ihm sehr schwerfallen würde. Das möchte er erst dann anstreben, wenn er mit der Arbeit besser zurechtkommt und etwas »Land sieht«; momentan will er dafür nicht noch zusätzliche Energie aufbringen.

Nach eingehender Erörterung des Verhältnisses der Probleme zueinander, entschließen sich Therapeutinnen und Klient, das Arbeitsproblem zunächst vorrangig zu behandeln. Der Medikamentenmißbrauch soll jedoch so bald wie möglich ausführlicher zur Sprache kommen; der Klient will in der Zwischenzeit zumindest versuchen, die Menge nicht mehr zu steigern, und er erklärt sich bereit, sich um eine gründliche medizinische Untersuchung zu bemühen.

Die erste Sitzung wird mit einigen *Überlegungen zum weiteren Vorgehen* abgeschlossen; für die Therapeutinnen hat sich im Gespräch der Eindruck herausgebildet, daß A. offenbar auch durch die anwachsenden Schwierigkeiten bisher nicht so weit gekommen ist, sein Arbeitsverhalten einmal grundsätzlich und umfassend auf einer höheren Abstraktionsstufe zu reflektieren, sondern vielmehr immer wieder unmittelbar auf der Ebene der konkreten Einzelprobleme mit unzusammenhängenden Teillösungsversuchen reagiert hat. Diese führten nicht zum gewünschten Erfolg und verschärften eher noch die Schwierigkeiten. Deshalb hat die erste therapeutische Intervention das Ziel, das Befangensein des Klienten in dem Prinzip *»Mehr desselben«* (vgl. Watzlawick u.a., 1974) zu durchbrechen. Wir teilen ihm unsere Sichtweise offen mit und äußern dabei, daß es notwendig erscheint, beim nächsten Treffen in drei Tagen eine ganz andersartige Herangehensweise gemeinsam zu entwikkeln.

Die hinter den nun folgenden Vorschlägen stehenden Absichten (vgl. auch Watzlawick u.a., 1974: »Die sanfte Kunst des Umdeutens«) werden dem Klienten zu diesem Zeitpunkt noch nicht vollkommen transparent gemacht: A. soll in der Zwischenzeit (Wochenende) *»gar nichts direkt für die Arbeit tun«*, da dies wahrscheinlich, gemessen an der zu erwartenden neuen Perspektive, ohnehin nutzlos und überflüssig sei. Wir empfehlen ihm, statt dessen zur Beschleunigung und Steigerung des Erfolgs der nächsten Sitzung schon einige *›Vorbereitungen‹* zu treffen:

- Um sich ein klareres Bild von seiner Ausgangssituation zu verschaffen, soll er versuchen, sein schriftliches Material zu sichten und entsprechend der Verwertbarkeit für die verschiedenen Kapitel in getrennten Mappen zumindest vorläufig zu ordnen.
- Außerdem sei es zur Planung des weiteren Vorgehens sinnvoll, eine genauere Vorstellung über die für die einzelnen Kapitel zur Verfügung stehende Zeit zu gewinnen. A. soll deshalb, beginnend mit dem ersten Tag nach der nächsten Sitzung (!), schriftlich einen groben Zeitplan für die gesamte Arbeit erstellen.

Da der Klient selbst inzwischen deutlich sieht, daß er mit seinem bisherigen Arbeitsstil in eine Sackgasse geraten ist, zeigt er sich relativ schnell bereit, für eine festgelegte, kurze Zeit damit auszusetzen und sich auf die Entwicklung von Alternativen zu konzentrieren. In dem vorher vereinbarten Telephongespräch am nächsten Abend berichtet er, daß er den Zeitplan ziemlich detailliert und seiner Auffassung nach realistisch unter Berücksichtigung des Umfangs und Schwierigkeitsgrades der einzelnen Kapitel entwerfen konnte. Auch für Korrekturen, Tippen und für unvorhergesehene Schwierigkeiten hat er bereits Reservezeiten bzw. »Pufferzonen« einkalkuliert. Mit dem Ordnen der Materialien hatte er anfangs Schwierigkeiten; nachdem er jedoch für noch nicht eindeutig zuzuordnende Papiere eine gesonderte Mappe anlegte und sich auch entschließen konnte, einige nicht mehr zu entschlüsselnde Notizen wegzuwerfen, ist er jetzt fast fertig damit. Zum ersten Mal seit längerer Zeit hat er an diesem Tag wieder das Gefühl, etwas geschafft zu haben und dem unmittelbaren Druck nicht völlig hilflos ausgesetzt gewesen zu sein; er habe zwar wieder gemerkt, wie umfangreich die Arbeit werden wird, sei aber etwas zuversichtlicher, »sie doch noch schaffen zu können«.

Mit dem Hinweis, daß dies schon eine gute und ausreichende Grundlage für den nächsten Kontakt sei, schlägt der Therapeut während des Telephonats unverbindlich vor, A. könne evtl. noch zusätzliche *»Vorüberlegungen«* dazu anstellen, welche Schritte im einzelnen vollzogen werden müßten, wenn *»man«* sich die laut Zeitplan als erste anstehende Aufgabe, nämlich die Einleitung zu schreiben, als sachliches Problem stelle. Wenn ihm Ideen kämen, *wie* er das unter Voraussetzung seines jetzigen Material- und Kenntnisstandes anfangen *würde,* könne er sie ja notieren.

Im Telephongespräch am nächsten Tag kann A. bereits einen detaillierten Entwurf für die Einleitung vorstellen: er hat zunächst eine grobe Gliederung, dann eine Stoffsammlung dazu und schließlich eine Feingliederung für die Reihenfolge der einzelnen Gedanken entworfen. Er traut sich zu, die gesamte Einleitung auf dieser Grundlage jetzt sehr schnell schreiben zu können und verspürt einen starken Drang dazu. Der Therapeut rät ihm davon ab und empfiehlt ihm, statt dessen versuchsweise *nur* mit dem ersten Punkt anzufangen und sich dabei Zeit zur *Selbstbeobachtung* zu nehmen, damit noch bessere Kenntnisse über sein Vorgehen und über seine Fähigkeit gewonnen werden können, sich auf jeweils einen Punkt zu konzentrieren ohne zu schnell darüber hinauszugehen.

In der am nächsten Tag folgenden Sitzung legt der Klient den betreffenden Teil der Einleitung fertig ausformuliert vor. Er hat diese Arbeit zunächst in der »heimlichen Hoffnung« begonnen, vielleicht doch schon darüber hinaus weitere Abschnitte schreiben zu können, dann aber selbst festgestellt, daß er wieder versuchte, verschiedene Probleme gleichzeitig zu lösen und dabei zunehmend unruhig wurde. Daraufhin entschloß er sich, erst einmal den Anfang fertig zu machen und es dabei zu belassen. Er schrieb eineinhalb Seiten in einer Stunde, und es fiel ihm dann auch relativ leicht, abzubrechen, da er ja »ohnehin dem Zeitplan voraus« war.

Wir werten gemeinsam *die Ergebnisse der ›Vorüberlegungen‹ und die Erfahrungen* der letzten Tage aus, um Lösungsstrategien für die in der nächsten Zeit anstehenden Probleme zu ermitteln; in diesem Zusammenhang bitten wir den Klienten, sein bisheriges Vorgehen noch einmal auf seine Angemessenheit im Hinblick auf die Problemstellung vergleichend einzuschätzen.

A. bezeichnet es selber als *günstig,* daß er in den letzten Wochen sein Vermeidungsverhalten zugunsten einer zeitlich intensiveren Beschäftigung mit den Inhalten aufgegeben hat. Dagegen findet er es *ungünstig:*

- daß er sich früher ohne vorhergehende Reflexion über die Strukturierung des Stoffes meist direkt in die Arbeit gestürzt hat. Die Einschätzung, daß das *Strukturieren* seine »schwache Seite« sei, hat er inzwischen relativiert; er sieht die Notwendigkeit und die Möglichkeit, es zumindest zu versuchen,
- daß er infolge dieses unsystematischen, ungezielten Vorgehens seine Energien verzettelt und laufend in Gefahr steht, sowohl von einem Kapitel zum anderen als auch von einem Einzelproblem zum anderen überzuwechseln. Hier sieht er allerdings auch die Rolle seiner Pläne: *»möglichst viel auf einmal* schaffen, um schnell mit der Arbeit fertig zu werden!« und »erst dann mit dem Schreiben anfangen, wenn der Gesamtzusammenhang in allen Einzelheiten subjektiv und objektiv (Literatur) vollkommen klar und durchsichtig ist!« Er äußert von sich aus, daß es wohl für ihn notwendig sei, die Arbeit in Einzelaufgaben zu unterteilen, diese *nacheinander* zu lösen und sich jeweils nur auf einen Punkt zu beschränken,
- daß er die *Entscheidung* über die Auswahl bestimmter Inhalte und deren Formulierung zu lange vor sich herschiebt und daß er versucht, sich weitestgehend abzusichern, vor allem wenn es um die Darlegung eigener Standpunkte geht. Diese Schwierigkeit stellt er in einen Zusammenhang mit den obengenannten Plänen; er räumt aber auch ein, daß hier wahrscheinlich die Oberpläne »alles möglichst perfekt machen!« und »mich möglichst keiner Kritik aussetzen!« leitend sind.

Die *Konsequenzen* aus dem Gespräch werden als Arbeitsanweisungen für die nächste Zeit noch einmal formuliert und für den Klienten in sinnvoller Abfolge auf einem ›Waschzettel‹ zusammengefaßt:

- Grobgliederung des Kapitels nach den vorgesehenen Hauptinhalten in Unterpunkte; Reihenfolge vorläufig festlegen!
- Stoffsammlung für den ersten Unterpunkt; Abfolge der Informationen bzw. der Argumentation entscheiden; den Zettel ent-

sprechend durch Striche optisch untergliedern und durchnumerieren!
- Noch zu klärende Probleme markieren; Entscheidung, an welcher Stelle, mit welchen Hilfsmitteln und wie lange an der Klärung gearbeitet werden soll (möglichst: erst dann, wenn sie an der Reihe sind, selbständig, ohne zusätzliche Literaturdurchsicht und zügig!).
- Ausformulierung des ersten Abschnitts beginnen und fertigstellen, bevor mit dem nächsten begonnen wird; währenddessen die folgenden Punkte mit einem Blatt abdecken!
- Alle inhaltlichen Schritte weitestgehend schriftlich machen!

Wir führen dieses Vorgehen mit dem Klienten exemplarisch am nächsten Abschnitt seiner Einleitung durch, für die er die ersten Anweisungen ja bereits zu Hause ›realisiert‹ hat. Er traut sich zu, in den nächsten Tagen wie besprochen eigenständig weiterzumachen. Die jeweilige Arbeitsmenge bzw. -dauer soll in den geplanten Telephonkontakten genauer abgesprochen werden, jedoch den Zeitplan des Klienten und eine Höchstarbeitszeit von sechs Stunden täglich keinesfalls überschreiten. Wir verbinden diese Aufforderung mit einer Aufgabe zur Selbstbeobachtung: »Wie fühle ich mich, wenn ich die bisherige ›hektische Verhaltenskette‹ unterbreche?« und nennen als Grund dafür, daß A. seine innere Unruhe und Spannung noch besser kennenlernen müsse, um gegebenenfalls gegensteuern zu können.

Reflexion

Derzeitiger Problemstand: Vom »Examensarbeitsdruck« ausgehend kann als aktuelles Problem des Klienten formalsachlich definiert werden: Zu dem vorgegebenen Thema soll eine Arbeit im Umfang von ca. 80–100 Seiten in der Zeit von dreieinhalb Monaten geschrieben werden. Umfangreiches und ungeordnetes schriftliches Material sowie Vorstellungen zum Aufbau und Sachkenntnisse sind in unterschiedlichem Differenziertheitsgrad vorhanden. Die Inhalte müssen geordnet, ausgewählt und in einen zusammenhängenden Text überführt werden.
Ungünstige Strategien und Bedingungen: Der Klient bewegt sich mit seinen Versuchen in einem Anfangsstadium der Problemlösung, erweitert seinen Informationsstand und das Ausgangsmaterial noch laufend; er strukturiert nicht, son-

dern geht unsystematisch vor, befaßt sich in schnellem Wechsel mit unterschiedlichen Einzelproblemen, kann sich nicht für Aufbau und Formulierung bestimmter Abschnitte entscheiden.

Günstige Strategien und Bedingungen: A. hat bereits das frühere Vermeidungsverhalten zugunsten einer intensiveren Beschäftigung mit dem Problem aufgegeben: er kann die Arbeit am Schreibtisch über längere Zeit durchhalten.

Reflexion im Hinblick auf Problemlöseprozeß und -fähigkeiten

Defizite: Der Klient führt weder eine genaue Analyse der Ausgangslage noch eine Aufgliederung des allgemeinen Ziels in zeitlich und inhaltlich klar definierte Teilziele durch, so daß er seine Strategien nur wahllos und ohne Rückmeldung über Erfolg einsetzen kann. So kommt es im Hinblick auf das nur vage vorgestellte allgemeine Ziel zu einer Folge von unzusammenhängenden Teilschritten, die auf einer vorläufigen Stufe steckenbleiben. Das sprunghafte Vorgehen kann nicht zu sichtbaren Erfolgen führen, sondern hinterläßt beim Klienten den Eindruck eines »ständig wachsenden Bergs von ungelösten Einzelproblemen«. Die Schwierigkeit scheint für A. also vor allem darin zu liegen, an richtiger Stelle einen allgemeinen Problemlöseprozeß *in Gang zu setzen* und weniger darin, Teilschritte *durchzuführen*, wenn diese ausreichend bekannt sind.

Ansatz der therapeutischen Veränderung: Es muß zunächst verhindert werden, daß A. seine Strategien weiter impulsiv und unreflektiert einsetzt. Statt dessen sollen die bisher vernachlässigten Schritte nachgeholt werden, was allerdings einen gewissen inneren Abstand zum Problem voraussetzt. Indem wir die ersten Aufgaben nicht einfach als notwendige Teile des Problemlöseprozesses, sondern als *»Vorbereitung«* dazu deklarieren, die das Finden der *eigentlichen* Strategien *beschleunigen* hilft, bestätigen und nutzen wir einerseits den Drang des Klienten, möglichst schnell voranzukommen und veranlassen ihn andererseits zum Aufgeben der bisherigen »blinden Hektik«. Dadurch wird es ihm erleichtert, eine *distanziertere Haltung* einzunehmen. Die Konzentration richtet sich dabei zu Beginn vor allem auf die Teilprozesse ›Problemanalyse‹ und ›Zielanalyse‹; indem hier größere Klarheit gewonnen wird, werden gleichzeitig auch die Strategien auf allgemeiner und konkreter Ebene erweitert und entwickelt. Nach den bisherigen Erfahrungen scheint es erfolgversprechend, den eingeschlagenen Weg weiter zu verfolgen.

2. Phase: Verwirklichung neuer Lösungsmöglichkeiten (1.–4. Woche)

Der Klient berichtet, daß er das neue Arbeitsverhalten, unter Zeitbegrenzung und entsprechend dem ›Waschzettel‹ – in Ruhe jeden Einzelpunkt zu bearbeiten und dabei die anderen zugedeckt zu lassen – gleich von Beginn an verwirklichen konnte. Als sehr hilfreich erwies sich dabei die Selbstverbalisation »Du kannst ja (später) immer noch Literatur einfügen oder diesen Absatz wieder streichen«. Er berichtet aber wiederholt, daß sein innerer Drang und Anspruch, mehr zu arbeiten als verabredet, weiterhin in ganz starkem Maße vorhanden sei und es bestimmte *›kritische‹ inhaltliche Stellen* während des Arbeitens gebe, wo er jeweils sehr in Gefahr komme, in das altbekannte Verhalten von Grübeln mit anschließender innerer Hektik und Panik zurückzurutschen. Diese ›kritischen Stellen‹ werden in unseren Gesprächen erörtert, bis A. seine Lösungsform gefunden hat:

- Wenn er beispielsweise bei einem Nebenaspekt nicht sicher ist, wo er ihn einbringen soll, wird er ihn auf einem ›Extrablatt‹ ausformulieren und zunächst mitablegen (V-i-S);
- Bei Panikgefühlen, die Gedanken nicht schnell genug niederschreiben zu können, spricht er sie zuerst auf Tonband (Ausschalten von E durch Verändern von V);
- Zeitlich genaue Aufteilung des Tages mit Arbeitseinheiten von je 30 Min., werktags maximal 12 Einheiten, samstags und sonntags je 6 E – Kl möchte es am ersten Wochenende aber mit insgesamt 18 E versuchen – und Einhalten der Zeitbegrenzung durch Eintragen jeder Einheit auf einem Wochenplan (K+ und S); Warnung der Thn vor zeitlicher Überfrachtung (E bezügl. K–).

Da A. nach wenigen Tagen in der Lage ist, seinen persönlichen *Arbeitsrhythmus* aufgrund der in der Therapie besprochenen Selbstbeobachtung grob zu definieren, wird gemeinsam besprochen, wie Inhalte und Arbeitstechniken sinnvoll diesem Rhythmus eingepaßt werden können: da er vormittags besonders konzentriert arbeiten kann, wird A. in diesen Phasen neue Inhalte erarbeiten, die Nachmittage eher für Durchsicht und endgültige Ausformulierung verwenden; auftretende innere Unruhe wird A. ab jetzt als Hinweisreiz benutzen für eine erneute Entscheidung ›weiterarbeiten

oder Pause einlegen?‹ (V_e = S für V_{kog}). Wegen der immer wieder auftretenden Kopf- und Körperschmerzen wird die Notwendigkeit eines Arztbesuches diskutiert und dieser vereinbart; es sollen Gesundheitsprobleme abgeklärt und negative Auswirkungen des körperlichen Befindens auf das Arbeitsverhalten vermieden werden.
Nach bitteren Erfahrungen mit dem ersten zeitlich überfrachteten Wochenende möchte der Klient schließlich den Zeitplan so verändern, daß samstags und sonntags nur je 6 E zu arbeiten sind; das kontinuierliche konzentrierte Durcharbeiten hat ihn zu sehr ermüdet, andererseits fürchtet er, nur mit größter innerer Unruhe am Wochenende ganz vom Schreibtisch wegbleiben zu können.
Die zunächst wöchentlich zweimal stattfindenden *Therapiekontakte* waren anfangs mit täglichen Telefonterminen gekoppelt; sie dienten dazu, den Klienten über den Tag hin zu stützen, zu verstärken und evtl. helfend einzugreifen. Nachdem inhaltliche Arbeit und Tagesrhythmus in Übereinstimmung gebracht worden waren, wurde es möglich, allein durch Telefonate den Klienten bei selbständigem Arbeiten und Entscheiden zu unterstützen. Schließlich konnten wir ganz von festen Telefonterminen zwischen den nun wöchentlichen Sitzungen abgehen, es wurde aber vereinbart, daß A. bei Schwierigkeiten mit der Verwirklichung unserer Planungen jederzeit anrufen könne.
Inzwischen ist A. in der Lage, sein Arbeitsverhalten auch über mehrere Tage problemlos aufrechtzuerhalten, darüber ist er froh und erleichtert. Nach ca. 3 1/2 Wochen hat er jetzt das erste geschlossene Teilstück seiner Arbeit fertiggestellt.
Er berichtet erneut von häufigeren Kopfschmerzen sowie von Kreislaufbeschwerden und hat bereits selbständig einen erneuten Arzttermin vereinbart. Er nimmt weiterhin Schlaf- und Kopfschmerzmittel in überhöhter Dosis, hat aber die Einnahme von Beruhigungsmitteln aus eigener Initiative reduziert und will ab jetzt genau seinen Medikamentenkonsum beobachten. Trotz der Beschwerden arbeitet er gleichmäßig und ausdauernd innerhalb seines Programms weiter. Wir besprechen noch einmal eine sinnvolle Tageseinteilung mit ausgewogenen Ruhepausen (Mittagsschlaf) und regelmäßiger Ernährung, da er in Gefahr ist, dies etwas zu vernachlässigen. Auch weiterhin gilt die Vereinbarung, daß A. bei Bedarf jederzeit anrufen kann.

Reflexion

Derzeitiger Problemstand: Die eingeführten Veränderungen der ersten Phase haben sich in erwünschter Richtung ausgewirkt: Der Klient

- kann strukturieren und Texte schriftlich formulieren,
- hat ein erstes Teilstück der Arbeit in angemessener Zeit fertiggestellt,
- hat für den jeweils zu bearbeitenden Textteil klarere Ziel- und Teilzielvorstellungen und Strategien (»Schritt-für-Schritt-Vorgehen«: Waschzettel – Gliederung erstellen – Abdecken der übrigen Punkte – Formulieren eines Einzelpunktes),
- kann sich jetzt besser mit vorläufigem Stehenlassen von Formulierungen zufrieden geben und
- findet für dieses neue Vorgehen selbständig positive Selbstverbalisationen

Schwierigkeiten: Er kann an inhaltlich »kritischen Stellen« diese Trennung der einzelnen Schritte voneinander noch nicht durchhalten, hier kommt es zum Rückfall in alte Verhaltensmuster. Zum Teil überfordert er sich noch zeitlich.

Gemeinsamer Lösungsansatz: Verbesserung der neuen Strategien durch arbeitstechnische Hilfen (›Extrablatt‹ ausformulieren; Tonband benutzen); angemessene Reduktion der Zeitplanung.

Reflexion im Hinblick auf Problemlöseprozeß und -fähigkeiten: Der Klient nimmt aufkommende »kritische Stellen« frühzeitig wahr, setzt dort jedoch noch nicht flexibel mit dem Problemlöseprozeß ein (Zielanalyse, Strategienwahl).

Ansatz: Das akute subjektive Unbehagen an »kritischen Stellen« wird zum Hinweisreiz umfunktioniert. Der Klient soll vom konkreten, inhaltlichen Problem zunächst Abstand nehmen, indem er sich den ursprünglichen Ausgangs- und Zielzustand vergegenwärtigt und die Angemessenheit seiner Strategien daraufhin überprüft.

3. Phase: Erste »Flaute«: körperliche Beschwerden (5. Woche)

Der Klient sagt überraschend den nächsten Termin ab: er habe Fieber, das sei bei ihm aber auch früher schon des öfteren für ein bis drei Tage aufgetreten. Wenige Tage später berichtet er am Telefon, daß er trotz Fieber weiterhin durchgearbeitet habe. Er wundert sich selbst, daß das klappt, hat allerdings das Gefühl, nur langsam voranzukommen und fühlt sich deshalb wieder unter innerem Druck. Er rechnet deshalb Besprechungsphasen, die er inzwischen nach der Ausformulierung von Teilstücken jeweils mit seiner Freundin einlegt, nicht zu den vereinbarten 12 Arbeitseinheiten hinzu. Wenn er sich in Pausen hinlegt und es beschäftigen ihn dann doch Gedanken zu den Inhalten, spricht er sie direkt auf Tonband. Einmal im Verlauf dieser Woche ist er dann aber doch in der Lage gewesen, abends mit überraschendem Besuch auszugehen, er schaffte das mit Hilfe der Selbstverbalisation »heute, finde ich, habe ich genug getan«. Trotzdem stellt er jetzt bereits wieder Überlegungen darüber an, ob er das im Zeitplan für eine kleine Reise freigehaltene kommende Wochenende nicht doch durcharbeiten soll.

Der Therapeut weist ihn eindringlich darauf hin, der Gesundheit zuliebe die Arbeit auch zeitweise hintenanzustellen und auf jeden Fall die 12 Arbeitseinheiten pro Tag weiterhin nur als definierte Obergrenze zu verstehen und sich außerdem aus gesundheitlichen Gründen wie auch als Verstärker die Wochenendreise auf jeden Fall zu gönnen.

In der nächsten Sitzung berichtet A., daß er in den letzten Tagen ein Teilkapitel fertiggestellt, aber seiner Meinung nach dennoch nicht so viel gearbeitet habe wie mit Fieber in der Woche davor. Er fühlt sich noch sehr ausgelaugt durch den Fieberschub der letzten Woche; zum Arzt sei er aber nicht gegangen, denn »da muß man so lange warten«.

Mit dem in den letzten Tagen geschriebenen Text ist er nicht recht zufrieden, es sei nicht ausführlich genug und auch nicht besonders gut formuliert. Einerseits betrachtet er es als neue Leistung, daß er jetzt einmal etwas kurz und bündig habe schreiben und dann auch ablegen können, andererseits fühlt er sich von den verbleibenden Unzufriedenheitsgefühlen recht geplagt. Innerhalb des Gesamtzeitplans liegt er mit dem derzeitigen Vorankommen bei der Arbeit so günstig, daß er sich in Ruhe mit jedem Teilpunkt befassen und dazwischen Pausen gönnen könnte; sein Gefühl ist angesichts dieser Zeitperspektive aber dennoch: »vielleicht solltest du doch heute noch mit dem nächsten Teilpunkt anfangen!« Vor dem nächsten zu bearbeitenden Abschnitt ist ihm etwas mulmig, er weiß wieder nicht recht, wie er ihn angehen kann und denkt voll Unruhe: »wer weiß, wieviel Zeit ich dafür womöglich verbrauche«. Im Gespräch wird deutlich, daß ihm die Rahmenbedingungen

(Form, Notwendigkeit von Zitaten) zu diesem Abschnitt unklar sind und sich seine Unruhe von daher steigert. Ein Anruf beim Betreuer hilft die Frage direkt zu klären. Danach wird gemeinsam ein Grobraster für den Aufbau des anstehenden Abschnittes durchgesprochen; der Klient ist – durch die Beantwortung der obengenannten Frage jetzt viel ruhiger geworden – in der Lage, dieses Raster weitgehend selbständig zu entwerfen.
Wie er berichtet, fühlt er sich immer wieder von Kopfdruck und Kopfschmerzen belastet; er geht im Moment dagegen an, indem er versucht, viel Schlaf zu bekommen (über Mittag und abends ab ca. 20.30 h); er schläft allerdings sehr unruhig, steht nachts 10 – 12mal auf, liest dann in (Fach!-)Zeitschriften und versucht so, sich abzulenken. Er äußert, daß ihn das alles aber nicht abhalten werde weiterzuarbeiten.
Die Therapeutinnen weisen ihn darauf hin, daß dieses Umgehen mit sich selbst sehr schnell in die Gefahr psychischer und physischer Erschöpfung, Frustration und Arbeitsunlust führen könne. Der mittelfristige Zeitplan wird noch einmal im Detail durchgesprochen und unter erstmaligem Ausnutzen der im Gesamtplan eingebauten Zeitreserven (›Pufferzone‹) reduziert. Es fällt in dieser Besprechung wieder auf, daß A. die stofflichen Einzelheiten auswendig präsent hat und mit Leichtigkeit darlegen kann. Diese Fähigkeit wird in allen Phasen der Therapie dazu genutzt, dem Klienten über seine Schwierigkeiten beim schriftlichen Darlegen von Inhalten hinwegzuhelfen: A. formuliert den inhaltlichen Aufbau eines Kapitels zunächst mündlich und diese Ausführungen – auf Tonband festgehalten oder gleich von z. B. einem der Therapeuten mitnotiert – bilden dann die Grundlage für die schriftlichen Abfassungen. Der Klient vernachlässigt zum derzeitigen Zeitpunkt noch, in einem größeren Rahmen zu strukturieren und Teilziele zu definieren und auszugliedern.

Reflexion

Derzeitiger Problemstand:
- Erschwerung der Arbeitssituation durch Fieber und körperliche Labilisierung,
- der Klient verwendet die ungünstige Strategie des zähen, gequälten Weiterarbeitens mit teilweisem Überschreiten der zeitlichen Begrenzung (»mehr desselben«),
- der Klient erlebt gelegentlich eine Reduktion seiner in-

haltlichen Ansprüche; kann jetzt etwas, das er kurz und bündig niedergeschrieben hat, auch stehenlassen,
- keine Verzögerung im Gesamtzeitplan.

Schwierigkeiten: Er ist gesundheitlich nicht auskuriert; es besteht noch keine Reduktion seiner zeitlichen Ansprüche; seine geschwächte Kondition und damit eine Erschwerung der Arbeitsbedingungen bleiben bestehen.

Gemeinsamer Lösungsansatz: Da optimales Vorgehen (Arztbesuch und sofortiges Auskurieren) bereits versäumt, jetzt Reduktion der Arbeitsanforderungen.

Reflexion im Hinblick auf Problemlöseprozeß und -fähigkeiten: Qualitativ neuer Problemstand wird vom Klienten nicht erkannt, bisher wirksame Strategien werden unverändert weiterverfolgt (»mehr desselben«) ohne Erwägung der längerfristigen Konsequenzen.

Ansatz: Hinlenken der Aufmerksamkeit auf die Konsequenzen führt zu gemeinsamer Neukonzeption der Problemstellung und zu vorübergehender Revision der Strategien.

4. Phase: Weiterarbeit und Zwischenbilanz (6. u. 7. Woche)

Der Klient hat ein erstes umfangreicheres Teilstück seiner Arbeit pünktlich fertigbekommen. Er hat sich an die abgesprochene Reduktion der Arbeitszeit gehalten, sein körperliches Befinden hat sich gebessert und in der zweiten Woche konnte er auf das zeitliche Normalmaß zurückkehren. Bei der letzten Überarbeitung allerdings hat er, einfach um die Sache zu Ende zu bringen, seine Arbeitseinheiten einmal um eine Stunde überzogen. Auf die Frage, ob er nicht anschließend das Gefühl und den Anspruch bei sich gespürt habe, »dann kann ich ja heute auch gleich mit dem nächsten Teil anfangen!«, antwortet er lachend, das sei überhaupt nicht der Fall gewesen und das habe er als ein neues, schönes Gefühl erlebt. Gemeinsam wird dann eine *Zwischenbilanz* gemacht unter der Fragestellung: Wie sieht jeder von uns im Moment den Problemstand, verglichen mit der Zeit zu Beginn unserer Zusammenarbeit vor einigen Wochen? Der Klient meint, für ihn sei die Lage ›schon total anders‹ und wesentlich besser geworden. Seine Arbeit und das Durchhalten in der bisher praktizierten Form sei ihm weiterhin das Wichtigste und Vordringlichste. Als die grundlegenden Faktoren der Verbesserung nennt er im Zusammenhang mit seiner Arbeit das veränderte Vorgehen von zunächst Stoffsammlung, dann Struk-

turierung und Gliederung und danach ›Punkt-für-Punkt‹-Ausformulierung sowie das gleichzeitige Einhalten zeitlich begrenzter Arbeitseinheiten. Er hat beobachtet, daß er dadurch inzwischen ruhiger arbeiten und bei Unsicherheiten sich leichter entscheiden kann und daß es ihm ferner gelingt, in den Pausen besser abzuschalten. Er hat bei sich bemerkt, daß er durch diese Veränderungen sich jetzt auch wieder mehr für andere Menschen und Dinge interessiert und aufgrund der planvolleren Arbeitsweise auch mehr Zeit für Geselligkeit und Erholung hat.
Er hat inzwischen selbständig seine Partnerin in die Arbeit einbezogen (Korrektur lesen, Formulierungen verbessern); diese Zusammenarbeit sieht er als hilfreiche Notwendigkeit. Gleichzeitig bedeutet sie nach den langen Monaten der fast ausschließlichen und isolierten Beschäftigung mit seiner Arbeit eine Belebung der Beziehung für ihn und seine Partnerin; er freut sich auch ausgesprochen darüber, daß sie sich so für ihn einsetzt.
Konsequenzen für die weitere Arbeit: Der Klient wird weiterhin pro Werktag 8–12 Einheiten lang arbeiten, an Wochenenden jeweils die Hälfte. In den Therapiesitzungen werden wir uns in nächster Zeit noch auf die Examensarbeit konzentrieren, wenn auch schon weitere Problembereiche miteinbezogen werden können.
Die Tablettenmenge möchte A. jetzt schon in eigener Regie versuchsweise reduzieren, um zu sehen, wieviel Kraft ihn das kostet. Regelmäßige Telefonkontakte werden nicht mehr verabredet; wir treffen jedoch die Vereinbarung, daß A. anruft, wenn er unter die Grenze von acht Zeiteinheiten pro Tag sinkt.

Reflexion

Derzeitiger Problemstand: Der Klient hat ein umfangreiches Teilstück seiner Examensarbeit pünktlich fertiggestellt, befindet sich also weiterhin innerhalb des Zeitplans; sein innerer Leistungsdruck hat sich reduziert.
Reflexion im Hinblick auf Problemlöseprozeß und -fähigkeiten: Der Klient scheint mit seinen Strategien die geplanten Aufgaben bewältigen zu können. Bei weiterer Aufrechterhaltung dieses Arbeitsvorgehens ist die Erreichung des langfristigen Zieles absehbar. A. ist nicht mehr ausschließlich durch die Examensarbeit absorbiert und verändert selbständig seine isolierte Arbeitssituation. Ein fading-out der thera-

peutischen Stützung und Hilfe in bezug auf die Arbeitsproblematik erscheint möglich.

5. Phase: Zweite »Flaute« durch Mißerfolge und Motivationsschwankungen (8./9. Woche)

Nachdem A. in der letzten Woche sehr zügig ein weiteres Kapitel geschrieben und damit etwa zwei Drittel der Arbeit fertiggestellt hat, kommt es noch einmal zu *Rückschritten* in mehrfacher Hinsicht. Er berichtet, daß ihm ein kleiner zeitlicher Vorsprung innerhalb seines Plans, auf den er sehr stolz war, bereits am Wochenende wieder verlorenging: Er hatte vor längerer Zeit mit dem Betreuer der Arbeit in einem Gespräch über die Schwierigkeiten – in dem dieser durchaus Verständnis zeigte – vereinbart, ihm den Text nach Abschluß des betreffenden Kapitels in erster Fassung einmal zur Rückmeldung vorzulegen. Obwohl A. von einer grundsätzlichen Übereinstimmung der Beurteilungsstandards ausgeht, zögerte er dies etwas hinaus und bat zuvor einen Kommilitonen aus dem Projekt um dessen Einschätzung. Dieser äußerte zu zwei größeren Abschnitten abweichende Vorstellungen und schlug die Einbeziehung zusätzlicher Aspekte vor, was beim Klienten starke *Zweifel an der Qualität seiner bisherigen Arbeit* überhaupt hervorrief. Total verunsichert versuchte er am Wochenende, die kritisierten Teile neu zu entwerfen, war aber mit den Veränderungen sehr unzufrieden. Die aufkommende Unruhe veranlaßte ihn schließlich, beide Alternativen erst einmal nüchtern miteinander zu vergleichen, an seinen eigenen Zielen der Darstellung zu messen, und er entschied sich daraufhin für die Beibehaltung der früheren Fassung. Er gab diese dann kurz entschlossen und recht zuversichtlich beim Betreuer ab, ärgert sich jetzt allerdings über den Zeitverlust. An diesem Vorfall ist ihm deutlich geworden, daß er sich sofort fraglos an der Kritik des Kommilitonen orientierte und seine eigene Konzeption ohne Zögern verworfen hat.

Das Vorgehen für die Abfassung des letzten Drittels der Arbeit wird in der Therapiesitzung der 8. Woche auf der Grundlage der Ansätze des Klienten dazu besprochen. Er verspürt dieser Aufgabe gegenüber ein starkes *Unbehagen*, einmal weil er sich nach der bisherigen Anstrengung ziemlich »ausgelaugt« fühlt und noch immer ein großes Stück vor sich hat, zum anderen weil es dabei um sehr komplexe Inhalte geht, nämlich um die Darstellung der Auswertungsergebnisse und deren Diskussion in bezug auf die Hypothesen der Arbeit. Hierzu existiert eine Unmenge von Material, mit dem A. sich schon vor Beginn der Therapie wiederholt ausgiebig, gleichzeitig jedoch erfolglos beschäftigt hat. Er schätzt seine momentane Motivation ziemlich gering ein und macht sich auch Sorgen, daß er den Überblick verlieren und dann wieder in die damalige Panik zurückfallen könnte.

Nachdem A. den Einstieg in diesen Teil bereits einen Vormittag lang vor sich hergeschoben hatte und merkte, daß er innerlich immer unruhiger wurde, entschloß er sich, für diesen Tag Pause zu machen, und faßte für den nächsten den Plan, zunächst das bereits vorhandene Material in Ruhe zu sichten und auszuwählen und erst im Anschluß einen Strukturierungsversuch zu machen. Bei der Durchführung gewann er wieder zunehmend Sicherheit und »Durchblick«, und er konnte den zu bearbeitenden Stoff sogar etwas eingrenzen und reduzieren, indem er sich dafür entschied, auf Teile seiner früheren Notizen nicht mehr zurückzugreifen. In der Therapiesitzung wird nun gemeinsam überlegt, wie der Klient sich gegen chaotische Arbeitsweise und Panik absichern kann. Die seit Beginn der Therapie verfolgten Strategien werden noch einmal rekapituliert. Dabei wird besonders betont, daß der Klient sich beim Einstieg in die Arbeit Zeit lassen soll für vorbereitende Überlegungen und daß er bei Unlustgefühlen die inhaltlichen Schritte möglichst klein halten soll. Darüber hinaus wird die in letzter Zeit von A. etwas nachlässiger wahrgenommene Obergrenze von 12 bzw. 6 Einheiten wieder als »äußerstes Maximum« fest vereinbart. Außerdem erinnern wir nochmals an die »Minimalzeit« von 8 Einheiten – um den zu erwartenden Motivationsschwankungen Rechnung zu tragen –, bei deren Unterschreitung A. sich sofort telefonisch mit den Therapeutinnen in Verbindung setzen soll.

Der Klient ruft erst einen Tag vor der nächsten Sitzung an: Obwohl er in der letzten Woche dreimal *unter der Minimalzeit geblieben* ist, konnte er sich vorher nicht dazu entschließen. Als Gründe nennt er, daß er die Therapeutinnen »nicht enttäuschen wollte, nachdem es vorher so lange gut geklappt hat«, daß er aber vor allem auch den Eindruck hatte, allein mit den Motivationsschwierigkeiten fertig werden zu können und zu müssen. Im Therapiekontakt berichtet er dann, daß ihm anfangs trotz vorheriger Gliederung die Darstellung immer unübersichtlicher, uneinheitlicher und widersprüchlicher geriet. Seine Unruhe und Verwirrung wuchsen, und er produzierte wie früher eine Menge neuer Notizzettel, bis er sich selber schließlich energisch stoppte, seine Strukturierung überprüfte und mit dem Text verglich. Er bemerkte dann, daß die Gliederung nicht detailliert genug war und daß er bei der Abfassung öfter zwischen zwei alternativen Formen gewechselt hatte. Nachdem er diese stichwortartig noch einmal notiert hatte, konnte er sich nach einer kurzen Abwägung bald für eine entscheiden. Er hat jetzt klarere, detaillierte Vorstellungen zu den kommenden Abschnitten und auch wieder mehr Lust, diese in Angriff zu nehmen. Rückblickend meint er, daß der Motivationsverlust der letzten Tage eng mit den inhaltlichen Problemen zusammenhing. Da Kopfschmerzen und innere Anspannung in der letzten Woche wieder verstärkt auftraten, wurde die enge Verbindung dieser Schwierigkeiten mit den Arbeitsproblemen dem Klienten noch einmal sehr deutlich bewußt. Die geplante Herabsetzung der Medikamentendosis hat er allerdings – teilweise wegen der Arbeitsschwierigkeiten – noch nicht versucht; er will in der nächsten Woche aber unbedingt damit anfangen.

Reflexion

Derzeitiger Problemstand:
Der Klient steht vor einem inhaltlich neuen Teil mit qualitativ andersartiger Aufgabenstellung. Er fühlt sich relativ schwach motiviert auf Grund der Frustration in den letzten Tagen und vor allem auf Grund unangenehmer Vorerfahrungen mit diesem Teil. Er befürchtet die Wiederholung von Mißerfolgen und eine entsprechende emotionale Belastung; sieht eine längere »Durststrecke« vor sich.
Positive Bedingungen: A. erkennt die Motivationsprobleme ziemlich früh, führt einzelne Arbeitsschritte in tendenziell angemessener Reihenfolge durch: verschafft sich einen Überblick über den Stoff, findet zumindest kurzfristig im Hinblick auf Teilziele effiziente Lösungen.
Negative Bedingungen: Er hat jedoch die Ausdifferenzierung der Gesamtstruktur nur jeweils punktuell geleistet und gerät dadurch in uneinheitliche und widersprüchliche Darstellung; verfolgt dadurch gleichzeitig unterschiedliche Teilziele.
Eigener Lösungsansatz: A. bemerkt das Dilemma bald, arbeitet verschiedene Differenzierungsalternativen aus und trifft selber eine Entscheidung.
Reflexion im Hinblick auf Problemlöseprozeß und -fähigkeit: Das Problem erschien dem Klienten zwischenzeitlich wieder schwerer lösbar (Unsicherheit, Unlust, Zeitverlust),

trotzdem setzt er mit Problemlöseprozessen selbständig ein und probiert neue Strategien aus; er gerät trotz einiger Mißerfolge nicht mehr längerfristig in eine Arbeitsweise nach dem Prinzip »mehr desselben«, sondern kommt zu einer umfassenderen Problemsicht und Zieldifferenzierung. Die Ableitung günstiger Strategien scheint ihm keine Schwierigkeiten mehr zu bereiten.
Es zeigt sich, daß das, was sich auf der Ebene des konkreten Problems zunächst als »Flaute« darstellt, bei der Betrachtung der allgemeinen Problemlösefähigkeit letztlich einen Erfahrungszuwachs und somit auch einen Fortschritt bedeutet.

6. Phase: Wachsende Selbständigkeit im »Endspurt« (10.–12. Woche)

In den nächsten drei Wochen gelingt es dem Klienten, die vorhergehende »Motivationsflaute« weitgehend zu überwinden. Dadurch, daß er klarere Vorstellungen zum Aufbau des letzten Teils entwickelt hat, ist er besser in der Lage, die Menge der Einzelergebnisse zu ordnen und in ihrem Stellenwert für die verschiedenen Hypothesen und für die allgemeine Fragestellung einzuschätzen. Er erkennt auf diese Weise eine Vielzahl inhaltlich neuer Aspekte und wechselseitiger Bezüge, deren schriftliche Darstellung sich teilweise als schwierig und unerwartet umfangreich erweist. A. läßt sich aber von der Komplexität des Stoffes kaum noch überwältigen, die Aufgabenstellung ist in seinen Augen vielmehr dadurch reizvoller und interessanter geworden. Falls er den Überblick doch einmal zu verlieren droht, geht er relativ schnell »zurück« und vergegenwärtigt sich noch einmal die jeweilige Fragestellung im Zusammenhang mit der allgemeineren Gliederung. Seine Motivation wird außerdem auch durch positive Rückmeldung des Betreuers zum ersten Teil der Arbeit erhöht sowie durch die Tatsache, daß A. jetzt zunehmend wieder die Diskussion mit einzelnen Kommilitonen aus dem Projekt sucht, mit denen er einzelne Abschnitte bespricht. Er habe dabei keine so große Angst mehr, durch kritische Einschätzungen völlig außer Fassung zu geraten, weil er selber sich seiner Ziele und Auffassungen deutlicher bewußt sei. Auch die Therapeutinnen gewinnen den Eindruck, daß A. den Stoff recht souverän beherrscht, da er in der Therapiesitzung zur Erläuterung seines Vorgehens bestimmte Beispiele umfassend und prägnant darstellen

kann. Wenn A. momentan noch überhaupt von Strukturierungsproblemen spricht, nennt er gleichzeitig immer schon eigene Überlegungen und Ansätze zur Lösung.
Problematisch ist in diesen Wochen wohl nur die Schwierigkeit, das Interesse des Klienten an einer intensiven und ausführlichen Beschäftigung mit der Abfassung der Arbeit mit der noch zur Verfügung stehenden Zeit in Einklang zu bringen. Es fällt A. häufiger schwer, auf die Darstellung bestimmter Gedanken und Ideen zu verzichten und sich kurz zu fassen. Obwohl er im allgemeinen Zeitplan einen recht guten Stand hat, zeigt er jetzt im Unterschied zur vorhergehenden Phase wieder verstärkt die Tendenz, die Obergrenze für die Arbeitszeit zu überschreiten. Dafür sind »Anfälle von Hektik« ganz selten geworden, und der Klient kann sich dann auch sehr schnell wieder kontrollieren und beruhigen. Er setzt dazu rechtzeitig und erfolgreich Selbstverbalisationen ein, sagt sich beispielsweise: »Immer eine Sache nach der anderen!«, »Ich kann mir Zeit nehmen und trotzdem fertig werden!« oder »Ich kann nur in Ruhe vorgehen, sonst komme ich gar nicht weiter!«. Eine optische Selbstkontrolle in dem Sinne, daß er z. B. alles, was nicht unmittelbar zum Einzelabschnitt gehört, wegräumt oder auf dem Papier zudeckt, ist kaum noch nötig. Auf Grund der Fortschritte im Arbeitsverhalten und in der Selbständigkeit des Klienten beschränken wir uns in dieser Phase auf insgesamt 2 Therapiesitzungen.

Reflexion

Derzeitiger Problemstand: Die konkrete Arbeitsaufgabe für A. besteht momentan in der Darstellung und Diskussion der Auswertungsergebnisse. Es bestehen Vorstellungen zum inhaltlichen und formalen Aufbau dieses Teils, eine entsprechende Ordnung der Ausgangsmaterialien ist geleistet.
Günstige Strategien und Effekte: Der Klient differenziert die Grobgliederung selbständig, indem er für jeden Abschnitt eine Feinplanung vornimmt, die er bisher auch realisieren konnte; er geht ruhig und systematisch vor und nähert sich so der termingerechten Fertigstellung der Arbeit. A. gewinnt wieder Freiraum, sich den inhaltlich interessanten Aspekten zu widmen und die Diskussion mit anderen darüber aufzunehmen. Dadurch steigert sich seine Motivation erheblich.

Ungünstige Strategien und Effekte: A. stellt sich zu selten die Frage, ob er auf die Einbeziehung bestimmter Gesichtspunkte auch verzichten kann; er neigt dazu, sehr ausführlich zu schreiben und den täglichen Zeitplan zu überschreiten.
Reflexion im Hinblick auf Problemlöseprozeß und -fähigkeiten: Da der Klient die konkreten Probleme mit seiner Arbeit zunehmend selbständig bewältigt, können Überlegungen dazu in den Therapiesitzungen stärker in den Hintergrund treten; statt dessen findet sein allgemeines Vorgehen beim Lösen solcher Probleme größere Beachtung. Obwohl diese Arbeitsphase auf Grund der Komplexität des Stoffes viele Gefahrenstellen für Rückfälle in sich birgt, gelingt es A. inzwischen immer besser, rechtzeitig umfassende Problemlöseprozesse in Gang zu setzen und auf allen Stufen eigenständig durchzuführen. Zu betonen sind hier vor allem seine Fähigkeiten zur Differenzierung der Problemstellung und der Zielbestimmung. Die Generalisierung dieses Vorgehens auf andere Problembereiche ist bisher noch nicht zur Sprache gekommen.

Schlußbetrachtung

In der 12. Woche wurde voraussehbar, daß A. jetzt in der Lage sein würde, die Arbeit ohne Hilfe der Therapeuten – evtl. unter Einbeziehung von Partnerin und Kommilitonen – termingerecht fertigzustellen.
Von daher erschien es uns nicht notwendig, für die nächsten drei Wochen noch einen Termin zu vereinbaren; wir trafen lediglich die Absprache, daß A. sich bei aufkommenden Schwierigkeiten von sich aus bei uns melden solle.
Eine *gemeinsame abschließende Gesamtbetrachtung* des bisherigen Veränderungsprozesses sowie Überlegungen zur gezielten Bearbeitung der Tablettenproblematik sollte kurze Zeit nach Abgabe der Examensarbeit stattfinden.
In dieser nach einer längeren Pause gemeinsamer Arbeit sich anschließenden Sitzung berichtet A., daß er sich im Verlauf der letzten Wochen zunehmend fähig gefühlt hat, im Zusammenhang mit der Arbeit auftretende Probleme selbständig zu bewältigen. Er reagiere auf Schwierigkeiten nicht mehr mit bloßer Intensivierung der schon vorher eingesetzten Strategien, sondern sei jetzt besser in der Lage, das jeweilige Problem aus größerem Abstand zu betrach-

ten, zu reflektieren und dann in einen differenzierteren Problemlöseprozeß einzusteigen. Dabei erlebt er immer weniger innere Unruhe und Angst vor der Beurteilung seiner Leistung durch andere und stellt bei Unsicherheiten eine wachsende Fähigkeit zu eigenen, raschen Entscheidungen fest.
Die Examensarbeit ist inzwischen fertiggestellt und abgegeben – das erste konkrete Problem kann damit als gelöst betrachtet werden. Der Stand der Tablettenproblematik hat sich in der Zwischenzeit zwar verbessert, kann aber noch nicht als zufriedenstellend bezeichnet werden.
Die sich darauf beziehende Behandlung in der Folgezeit soll hier nicht weiter beschrieben werden. Sie fand in enger Zusammenarbeit mit den entsprechenden Fachärzten statt. Auch bei der Arbeit in diesem Problembereich wurde gemeinsam daraufhin gearbeitet, daß der Klient seine ihm schon zur Verfügung stehenden Problemlösefähigkeiten zum Einsatz brachte und zugleich weiterentwickelte.

Ehepaar M. – *›Pokern um Koalitionen‹*

Angeregt durch einen Zeitschriften-Artikel, bemühte sich Herr M. über einen Kollegen um eine Therapie für seine Frau, die an einer ›Zwangsneurose‹ leide. Sie wasche sich ca. 60mal am Tag die Hände, wobei sie dem Wasser Sagrotan zusetze. Außerdem müsse sie das Haus immer sehr gründlich putzen.

Mit der Darstellung dieses Falles wollen wir auf die besondere Bedeutung der Therapeut-Klient-Interaktion hinweisen. Aus der system-orientierten Betrachtung der Therapeut-Klient-Beziehung ergaben sich außerdem wichtige Informationen, die in diesem Fall zu einer sehr spezifischen Intervention führten.
Aufgrund der speziellen Problemkonstellation wählten wir für die Problemanalyse folgende Schwerpunkte:

- Entstehung und Weiterentwicklung des Problems (2.4. des Leitfadens)
- System-Betrachtung (2.3. des Leitfadens)
- Betrachtung der Therapeut-Klient-Interaktion als diagnostisches Mittel (2.5. des Leitfadens), wobei besonders die Ergebnisse der Supervision bedeutsam wurden
- Zielanalyse (3. des Leitfadens).

Die Darstellung folgt dem Therapieverlauf. Es werden die wichtigsten Ergebnisse der insgesamt nur drei Kontakte referiert.

Vorinformationen

Herr und Frau M. sind 57 bzw. 54 Jahre alt; seit 26 Jahren verheiratet; haben zwei Kinder, die beide studieren und nicht mehr bei den Eltern wohnen. Das Ehepaar M. wohnt im eigenen Haus in einem kleinen Bade-Ort. Herr M. ist Lehrer für Englisch und Erdkunde an einer Realschule. Frau M. ist Hausfrau.

1. Erster Kontakt

1.1. Problemstellung (vgl. Leitfaden, 1.)

Frau M. empfindet *Ekel* vor allem, was dreckig sein könnte. Deshalb muß sie sich laufend waschen und das Haus möglichst sauber halten. Die Haustür ist wie eine ›Schwelle‹ für sie. Alles was draußen ist, ist schmutzig, alles was drinnen ist, ist aufgrund ihrer ständigen Bemühungen sauber. Heute darf ihr Haus von niemandem, außer ihrem Mann und den Kindern, betreten werden. Wenn ihr Mann nach dem Dienst nach Hause kommt, zieht er sich Schuhe und Oberbekleidung aus, um keinen Schmutz in die Wohnung zu bringen. Er hat sich mittlerweile daran gewöhnt.
Geschieht etwas nicht nach Frau M.s Sauberkeitsvorstellungen, steigen in ihr Ängste hoch. Sie muß sich dann möglichst gründlich mit Sagrotan waschen. Tut sie es nicht, stürmt eine Menge Probleme auf sie ein, das Angstgefühl steigert sich zur Panik und sie glaubt mit dem Leben nicht mehr fertig werden zu können. Besonderes Gewicht kommt neben Problemen mit den Kindern dann Überlegungen zu, daß ihr Leben nicht so verlaufen ist, wie sie es sich gewünscht hätte. Sie hätte gern studiert und einen Beruf ausgeübt – eine Vorstellung, die für Herrn M. völlig undenkbar ist, da er seine Frau so viel wie möglich um sich haben möchte.
Wegen des Zwanges war sie schon bei mehreren – auch recht prominenten – Therapeuten verschiedenster Ausrichtungen in Behandlung. Ein Neurologe empfahl ihr eine stereotaktische Operation, zu der sie sich bisher noch nicht entschließen konnte. Eigene Bewältigungsversuche scheiterten stets sehr schnell an den dann aufsteigenden Ängsten.

1.2. Entstehung und Weiterentwicklung des Problems (vgl. Leitfaden, 2.4.)

Die Entwicklung des Problems begann vor etwa 20 Jahren und vollzog sich in mehreren Phasen.

Phase 1

Während ihre Kinder noch klein sind, leiden sie einige Male an ansteckenden Krankheiten. Auf Anraten des Arztes desinfiziert Frau M. die Wohnung mit Sagrotan, damit das jeweils andere Kind sich nicht ansteckt. Als dies dann trotz ihrer Bemühungen einmal doch passiert, erlebt sie starke Schuldgefühle. – In dieser Zeit entwickelt sich das Reinigen mit Sagrotan zu einer allgemeinen Problemlösestrategie für Situationen, in denen eine Infektionsgefährdung vorliegt.
In der Folgezeit wendet sie diese Strategie auch an, wenn sie mit Schmutz konfrontiert wird, besonders dann, wenn sie sich davor ekelt: auf dem Schulweg geht ihre Tochter täglich über eine Wiese, auf der Kühe grasen; häufig tritt sie dabei aus Unachtsamkeit in Kuhmist. Diesen Dreck und besonders den Geruch bekämpft Frau M. unter großen Ekelgefühlen mit Sagrotan.

Phase 2

Diese Zeit kann als *Generalisierungsphase* bezeichnet werden. Frau M. wäscht sich bis zu 60mal am Tag die Hände mit Sagrotan. Besucher dürfen die Wohnung nur noch betreten, wenn sie sich vorher die Schuhe gründlich an einem mit Sagrotan getränkten Aufnehmer abwischen. Zusätzlich muß sie nach jedem Besuch alles putzen. Besuche werden wegen dieser großen Belastung für Frau M. immer seltener. Herr M. freut sich darüber, da er es sowieso nicht leiden kann, wenn ›immer‹ so viele, häufig auch ›dumme und aufdringliche‹ Leute in der Wohnung sind. Frau M. dagegen fällt es sehr schwer, auf Besucher zu verzichten, denn die sind ihr einziger Kontakt zur Außenwelt, da ihr Mann nicht möchte, daß sie Interessen außerhalb der Wohnung nachgeht.

Phase 3

Zu einer weiteren *Verschärfung* der Situation kam es vor etwa 7 Jahren, als Frau M. nach einem Besuch von Bekannten spontan entscheidet: ›ab jetzt kommt keiner mehr in unser Haus‹. Hintergrund dieser Entscheidung ist eine sehr heftige Auseinandersetzung des Ehepaares mit Frau M.s sehr herrschsüchtigem Vater, der schon lange die ganze Familie ›terrorisiert‹. Der Streit endet damit, daß Herr M. seinen Schwiegervater nicht mehr ins Haus lassen will. Grundsätzlich teilt Frau M. zwar die Meinung ihres Mannes über ihren Vater, steht aber als Tochter – mit der sich für sie daraus ergebenden ›Verpflichtung‹ – zwischen beiden. Zur Bewältigung dieser Situation zieht sie das Sauberkeitsproblem als gerade noch

akzeptable Begründung für ihr Handeln heran: Weil sie nachher alles putzen muß, was ihr aufgrund ihres Gesundheitszustandes nicht mehr möglich ist, kann sie *niemanden* mehr ins Haus lassen. »Bevor Du den eigenen Vater draußen läßt, dürftest Du ja keinen mehr reinlassen. Da habe ich mir selbst eine Ausflucht gesucht.« – »Der konkrete Dreck ist für das Abstrakte getreten.« (Für die Therapeutin ist es höchst erstaunlich, mit welcher Deutlichkeit diese Zusammenhänge von Frau M. dargestellt werden.)
Eine schon bekannte Bewältigungsstrategie wird hier für ein neues Problem (Legitimation des Besuchsverbotes) genutzt.

Phase 4

Seit etwa 7 Jahren darf niemand mehr ins Haus, außer ihrem Mann und den Kindern, die sich dann den entsprechenden Ritualen unterwerfen müssen. Nach ›Außenkontakten‹ wie Spaziergängen, Besuchen bei Bekannten oder Essen in ausgewählten Restaurants zieht Frau M. sich vollständig um und wäscht sich.

1.3. Diagnostische Hinweise aus der Therapeut-Klienten-Interaktion (vgl. Leitfaden, 2.5.)

Aus dem ersten Kontakt ergeben sich folgende Hinweise:

(a) Zum verabredeten Zeitpunkt geht die Therapeutin auf den Flur, um Herrn und Frau M. zu begrüßen. Außer den beiden kommt ihr ein ungewöhnlicher Geruch entgegen, der später als Geruch von Erfrischungstüchern identifiziert wird, mit denen sich beide(!) bei Berührung mit ›Schmutz‹ sofort reinigen, wenn sie sich nicht waschen können.

(b) Frau M.s Haut ist an den Händen ganz rot, rissig und fast pergamentartig. Aber auch die Hände von Herrn M. sind sehr rot. – Daraus ergibt sich die Frage, wie es mit seinen Sauberkeitsvorstellungen bestellt ist. Nicht selten sind ja auch die Partner nicht frei von Zwängen.

(c) Nach der Begrüßung bittet die Therapeutin *beide* Partner in ihr Zimmer. Herr M. merkt daraufhin an, daß er wohl wenig hilfreich sein werde, da er nicht viel zum Problem seiner Frau sagen könne; es bereite ihm ja weniger Schwierigkeiten als ihr. Er ist aber bereit, bei dem Gespräch dabei zu sein. – Hier wird *seine* Konzeptualisierung deutlich: *Sie* hat das Problem und muß behandelt werden. Das ist besonders deswegen bemerkenswert, weil durch die vorangegangenen Therapien (s.u.) andere Sichtweisen durchaus nahegelegt worden sind.

(d) Zu Beginn des Gesprächs bittet Frau M., ob ihr Mann stehen bleiben dürfe, da er ein Rückenleiden habe. Daraus ergibt sich, daß das Gespräch buchstäblich auf zwei Ebenen verläuft. Die Therapeutin bemerkt dabei deutlich, wie diese räumliche Anordnung es ihr physisch und psychisch erschwert, Herrn M. in das Gespräch einzubeziehen (s. dazu auch 2. Kontakt).

(e) Während des Gespräches über die Sauberkeitsproblematik fällt auf, daß verbales und nonverbales Verhalten von Frau M. teilweise stark diskrepant sind: Frau M. berichtet über die große Belastung durch das Problem fast heiter, gelassen und wirkt sogar recht fröhlich, als sie über Suizidgedanken spricht. Darauf angesprochen, ändert sie ihr diskrepantes Verhalten für eine gewisse Zeit, es tritt dann aber wieder auf. Die Therapeutin schließt daran erste Überlegungen an, was Frau M. – neben den kommunizierten Inhalten – noch mitteilen will, besonders welchen Appell sie an die Therapeutin richtet.

(f) Als die Therapeutin an einer Stelle Herrn M. nach seiner Belastung durch das Problem fragt, antwortet Frau M. für ihn – wie sie das häufiger tut – sehr spontan und eindringlich: »Es ist schwierig mit mir zusammenzuleben. Aber ich habe manchmal gesagt, ich glaube, ich zahle auch für unsere Ehe: *er* ist vergnügt und zufrieden zu Hause; *er* entbehrt ja niemanden.« Eine Bemerkung, die an dieser Stelle noch schwer zu interpretieren ist (s. dazu weiter unten), aber ein weiterer Hinweis für einen nicht direkt ausgesprochenen Appell sein kann.

1.4. Resümee

Aufgrund der inhaltlichen Informationen und der Hinweise aus der Interaktion zieht die Therapeutin folgende Schlüsse:
(a) Bei den Partnern scheinen unterschiedliche Vorstellungen über die Lebensgestaltung vorzuliegen. Hinweise darauf geben die Aussagen von Herrn und Frau M. zu den Besuchen, sowie Frau M.s Bemerkung, daß sie für die Ehe einen hohen Preis zahle. Ob dem Sauberkeitsproblem dabei eine funktionale Bedeutung zukommt, wie sich dies beim Besuchsverbot für den Vater herausstellte, muß geklärt werden. Deshalb möchte die Therapeutin die allgemeine *Lebensgestaltung* und die *Zielvorstellungen* beider Partner in der nächsten Sitzung aussprechen.
(b) Um die unterschiedlichen, noch nicht klaren Hinweise aus der

Interaktion für die Therapie nutzen zu können, und um nicht in ein therapeutisch wenig hilfreiches, unter Umständen sogar destruktives ›System-Spiel‹ hineingezogen zu werden, bittet die Therapeutin eine Kollegin für die nächsten Kontakte um *Supervision.*

2. *Zweiter Kontakt*

Inhalt dieses Kontakts ist wie geplant eine Abklärung der Vorstellungen über Ehe- und Lebensführung von beiden Partnern und die daraus sich ergebenden Zielvorstellungen an die Therapie.

2.1. Zielanalyse (vgl. Leitfaden, 3.)

Aussagen des Ehepaares M.

Beide Partner geben als Ziel einer Behandlung die Beseitigung (sie) oder Besserung (er) der Sauberkeitsproblematik an. Aus den – durch die Therapeutin initiierten – Überlegungen zu den Konsequenzen einer solchen Veränderung ergibt sich allerdings in überraschender Deutlichkeit, daß sich ihr Zusammenleben bei Wegfall des Zwanges erheblich schwieriger gestalten würde:

Frau M. nennt sowohl positive als auch negative Folgen:
- Sie hätte mehr Kontakt mit Freunden und Bekannten.
- Sie würde mehr allein ohne ihren Mann unternehmen.
- Sie könnte ihre beruflichen Pläne neu überdenken. In diesem Zusammenhang betont sie, daß sie ihren verpaßten Beruf bis heute noch als Opfer betrachte, das sie ihrem Mann gebracht habe.
- Sie befürchtet, daß die Ehe auseinanderbrechen würde, wenn »die Neurose nicht wäre«.
- Sie erwartet, daß ihr Mann eine Depression bekäme.

Für *Herrn M.* ergäben sich aus seiner Sicht ausschließlich negative Folgen:
- Er könnte nicht mehr so viel mit seiner Frau gemeinsam unternehmen, bzw. mit ihr allein zu Hause sein. Bisher mußte er die Zeit seiner Frau mit den Kindern teilen (darum wollte er auch anfangs keine Kinder), jetzt – wo die Kinder aus dem Haus sind – möchte er seine Frau endlich für sich allein haben.
- Sein geregelter Tagesablauf würde gestört, denn »nicht regulierbare Heerscharen« von Leuten kämen ins Haus, wobei er die Schwierigkeit in der »Rücksichtslosigkeit« und der »Dummheit« der Besucher sieht.

Bei der anschließenden Bewertung dieser Folgen äußert Frau M., daß ihr ›jetzt klar geworden sei, daß sie den Anspruch auf Besserung gar nicht stellen dürfe‹. Herr M. weicht einer Bewertung aus und spricht statt dessen nur von seinen Zweifeln, ob sich die Sauberkeitsproblematik vollständig beseitigen lasse.

Überlegungen der Therapeutin zur Zielbestimmung

Für die Therapeutin verstärkt sich im zweiten Kontakt der Eindruck, daß das Symptom notwendig ist, um die Ehe des Paares aufrechtzuerhalten.

Der Zwang ist notwendig,
- um den lästigen, sich ständig einmischenden Vater von Frau M. aus dem Haus zu halten,
- um Konflikte über das Ausmaß von Sozialkontakten, Art der Freizeitgestaltung und die Berufspläne von Frau M. auszuschalten,
- und um besonders Besuche von männlichen Bekannten zu verhindern (Befürchtung von Hern M.).

Die Therapeutin nimmt an, daß der Wegfall der Sauberkeitsproblematik eine derart veränderte Ehesituation zur Folge hätte, daß die bisher ›geregelten‹ Konflikte aufbrechen würden. Die o.g. negativen Konsequenzen träten schneller und massiver ein, als sie in einer Behandlung aufgegriffen und verändert werden könnten. Aufgrund dieser Überlegungen hält die Therapeutin eine Paartherapie für vorrangig indiziert. In einem solchen Therapieabschnitt sollten gemeinsame Veränderungsmöglichkeiten der bisher unvereinbaren Vorstellungen zur Lebensführung durchdacht werden. Auch die Konsequenzen bei Bestehenbleiben der bisherigen Zielvorstellungen sollte jeder Betroffene für sich abklären.

2.2. Die Therapeut-Klient-Beziehung und ihre Bedeutung für den Veränderungsprozeß (vgl. Leitfaden, 3.3.)

Die Therapeutin macht während des zweiten Kontaktes folgende Beobachtungen:
- Herr M. bleibt auch in diesem Kontakt stehen, allerdings mit der Begründung: »Meine Frau müßte sonst das ganze Auto reinigen.« Es zeigt sich, daß die Begründung aus dem ersten Kontakt (Rückenbeschwerden) nur ein vorgeschobenes Argument war – hier wird ein weiteres Mal deutlich, in welchem Ausmaß das Sauberkeitsproblem in den Lebensalltag übergreift. Außerdem hat Herr M. dadurch weiterhin die Möglichkeit, sich aus dem Gespräch herauszuziehen.

- Die Vorstellungen der Therapeutin von partnerschaftlichem Zusammenleben sind denen von Frau M. sehr viel näher als denen von Herrn M. Die Therapeutin merkt, wie sie im Laufe dieses Gesprächs ablehnende Gefühle gegenüber Herrn M. entwickelt. Sie versucht, ihm die ›Unangemessenheit‹ seiner Vorstellungen indirekt zu verdeutlichen. Herr M. gerät dadurch unter den Druck, sich rechtfertigen zu müssen und erregt sich immer mehr.
- Die Therapeutin erlebt es als schwierig, das Gespräch zu strukturieren und einen roten Faden beizubehalten. Bei bestimmten »Reizwörtern« spult einer der beiden Klienten sofort eine »quasi fertige« Geschichte ab; der Redefluß ist dadurch kaum zu unterbrechen; auch kritische Fragen der Therapeutin lösen kaum Pausen oder Nachdenken aus.

Aufgrund der erlebten Schwierigkeiten in der Interaktion mit dem Ehepaar M. befürchtet die Therapeutin Probleme bei der Durchführung einer Paartherapie (Akzeptieren der Vorstellungen beider Partner, stärkeres Einbeziehen von Herrn M. in das Gespräch).

2.3. Systembetrachtung (vgl. Leitfaden, 2.3.)

Die Beobachtungen des Supervisors und das anschließende Supervisionsgespräch führen zu einer veränderten Sichtweise des Problems mit drei zentralen Überlegungen:

(a) Beibehalten wird die Hypothese, daß das Symptom (Sauberkeitsproblematik) eine aufrechterhaltende Funktion für das Eheleben hat.
(b) Das Aufsuchen eines Therapeuten (dies ist schon der vierte Therapieversuch!) hat innerhalb des Systems eine spezifische Bedeutung, die anscheinend mit dem deklarierten Ziel »Reduktion des Zwangsverhaltens« nicht identisch ist.
(c) Die Systembetrachtung sollte über das Ehesystem hinausgehen und auch das *therapeutische System* (Ehepaar M. und der jeweilige Therapeut) mit seinen spezifischen Rollen, Zielen und Regeln einbeziehen.

Um diese Überlegungen inhaltlich zu füllen, sollen i.f. einige Beobachtungen von Therapeutin und Supervisor wiedergegeben werden, die – wie deutlich werden wird – nicht frei von vorläufigen Annahmen sind.

- Gleich zu Beginn des ersten Kontaktes umreißt Frau M. die symbolische Bedeutung des Zwanges: Die Haustür sei ihre »Schwelle«, sowohl was Schmutz als auch Kontakte betrifft. Die funktionale Bedeutung des Symptoms muß von der Therapeutin kaum erschlossen werden, sondern wird ziemlich vollständig anhand der Entwicklungsgeschichte von Frau M. selber dargeboten.

- Frau M. beginnt den zweiten Kontakt mit der Erklärung, sie habe keine Lust mehr, Hausarbeiten zu verrichten, vor allem zu putzen. Sie wolle »lieber mit dem Kopf arbeiten«. Hier fällt auf, daß sie im Vergleich zu anderen Klienten keinerlei Rationalisierungen für den Zwang vorgibt. Sie bietet statt dessen geradezu an, daß der Zwang als Kompensation für andere Probleme diene, Herr M. greift schnell ein und weist darauf hin, welches die eigentlichen Probleme sind: Frau M.s Vater(!) habe verhindert, daß sie studieren könne.
- Als die Therapeutin die zu erwartenden Schwierigkeiten im Zusammenleben bei Wegfall des Zwanges anspricht, stimmt Frau M. sofort zu, Herr M. versucht, die Probleme zu bagatellisieren.
- Bei dem Gespräch über die Vorstellungen zum Zusammenleben entwickelt sich eine Koalition zwischen Frau M. und der Therapeutin. Immer wenn die Therapeutin auf einen möglichen funktionalen Aspekt des Zwanges hinweist, greift Frau M. dies auf und sagt zu ihrem Mann: »Siehst Du, siehst Du!«
  Und am Ende des zweiten Gesprächs steht das Ergebnis deutlich, wenn auch unausgesprochen, im Raum: Ursache für die Zwangsproblematik sind Herrn M.s extreme Vorstellungen von Ehe- und Lebensführung. Die Therapeutin hat die Rolle übernommen, die ihr Frau M. im Rahmen des Systemspiels zugedacht hat. Sie ist auf dem besten Wege, Frau M. bei ihrem Kampf gegen die Vorstellungen ihres Mannes zu unterstützen. Zusätzlich fällt dem Supervisor auf, daß Frau M. der Therapeutin bei der Verabschiedung ohne Aufforderung die Hand drückt – was sie vorher aufgrund des Zwanges vermieden hatte – und interpretiert dies als Besiegelung des Koalitionsabschlusses.

Aus eindeutigen diesbezüglichen Aussagen kann entnommen werden, daß dem Ehepaar M. die funktionale Bedeutung der Sauberkeitsproblematik bewußt ist. Die vorangegangenen Therapieversuche könnten diese Erkenntnis vermittelt haben. Dies hat jedoch weder zu Veränderungen im Zwangsverhalten von Frau M. noch zu modifizierten Wünschen an die Ehe bei Herrn oder Frau M. geführt.

Das erneute Aufsuchen eines Therapeuten könnte folgende Funktion haben:

Frau M. sieht sich in der Ehe in der Verliererposition und möchte für ihre Opfer (»Ich habe 20 Jahre bezahlt, muß ich denn immer weiter zahlen?«) zumindest honoriert werden. Durch die ›Schuldzuweisung‹ an ihren Mann bestraft sie ihn für die Durchsetzung seiner Vorstellungen und möchte ihn mit Hilfe des Therapeuten zwingen, ab jetzt die Zeche zu zahlen. Sie lehnt die Verantwortung für bisherige Entscheidungen ab, ebenso wie sie die Lösung ihrer Sauberkeitsprobleme dadurch abzugeben versucht, daß sie den Therapeuten dazu veranlaßt, ihre ›Schuldzuschreibung‹ zu übernehmen und ihren Mann zu therapieren.

2.4. Überlegungen zu einem Ansatzpunkt für die weitere Behandlung (vgl. Leitfaden, 4.)

- Das Zusammenleben und Zusammenbleiben scheint – wie die Ausführungen in einem Partnerfragebogen noch einmal verdeutlichen – für beide Partner sehr wichtig zu sein.
- Beide Partner betonen mehrfach, daß sie nicht bereit sind, ihre Vorstellungen über das weitere Zusammenleben zu ändern und zum Gegenstand einer Behandlung zu machen.
- Es haben bereits einige Therapeuten eine Umdefinition versucht und keinen Erfolg damit gehabt.
- Ein Einlassen auf die Rolle des Schiedsrichters (»Wer trägt Schuld an der jetzigen Situation?«) kann keine positive therapeutische Wirkung haben.
- Ein möglicher Ansatzpunkt wäre eventuell eine schnell wirksame symptomzentrierte Behandlung, die starke kognitive Dissonanzen hervorrufen würde, z. B. eine Reizüberflutung. Eine solche Therapie ist erstens aus gesundheitlichen Gründen bei Frau M. nicht durchführbar (Herz-Kreislauf-Beschwerden) und zweitens sind die Auswirkungen auf die Partnerschaft schlecht kalkulierbar (s. o.).
- Eine langsamer wirkende symptomzentrierte Behandlung verspricht bei dieser Problematik wenig Erfolg; außerdem ist eine Reaktion auf der Systemebene zu erwarten, z. B. ein Boykott der Veränderungen zur Aufrechterhaltung des Ehesystems.

Zusammenfassend kommen Therapeutin und Supervisor zu dem Ergebnis, daß ein »klassisches« Therapievorgehen wenig Erfolg verspricht.

Auswahl einer Lösungsalternative

Aufgrund der relativen Aussichtslosigkeit eines klassischen Therapievorgehens fällt die Entscheidung für eine *paradoxe Strategie*.
Ziel der paradoxen Strategie ist es, beide Partner zu provozieren:

Sie sollen beweisen, daß der Zwang nicht notwendig ist, oder *bewußt* als Mittel zur Aufrechterhaltung ihrer Partnerschaft akzeptieren. Die daraufhin festgelegte paradoxe Instruktion enthält folgende Bestandteile:

- Die Zwangsneurose wird für *beide* Partner gleichermaßen als notwendig deklariert und begründet.
- Es wird deutlich gemacht, daß die Partner *miteinander* ohne Zwangsneurose nicht zusammenleben können.
- Die Ehebeziehung wird für beide Partner als lebenswichtig bezeichnet.
- Folgerichtig verweigert die Therapeutin jede weitere Behandlung, da sie damit die Ehebeziehung gefährden würde.

3. Dritter Kontakt

3.1. Erprobung und Bewertung der Lösungsalternativen (vgl. Leitfaden, 5.)

Gegen Ende des dritten Kontaktes (vorangegangen war eine nochmalige, für die Therapeutin wichtige Absicherung, daß die Ehebeziehung für beide Partner auch eine Vielzahl von positiven Aspekten beinhaltet) nimmt die Therapeutin ein Resümee der bisherigen Gespräche vor, das mit der paradoxen Instruktion abschließt.
Die Ehepartner reagieren darauf sehr unterschiedlich:
Frau M.: »Ja, aber sagen Sie mal, könnten Sie jetzt nicht, also, das hatte z. B. diese Frau . . . aus B. vorgeschlagen, wo ich vor drei Jahren war, ihn therapieren. Die hatte das vorgeschlagen, also ich komme nicht durch mich dahin.«
Therapeutin: »Frau M., Sie haben mich nicht richtig verstanden. Ich habe gesagt, daß die Zwangsneurose für Sie beide wichtig ist. Sie beide können sich damit bestimmte Wünsche erfüllen.«
Frau M.: »Aber was soll ich denn, soll ich weiterzahlen, ein Leben lang wie meine Schwiegermutter?«

Herr M. reagiert nur sehr knapp:
»Ja, sagen Sie mal, gibt es nicht wenigstens eine Möglichkeit der Reduktion, um dieses hohe Maß etwas zu reduzieren und dadurch das Leben meiner Frau etwas zu vereinfachen? Es ist ja nun tatsächlich mit einem unwahrscheinlichen Aufwand verbunden.«
Die Reaktionen des Ehepaares M. unmittelbar nach der paradoxen Instruktion bestätigen zunächst die Hypothesen der Systembetrachtung.
Zu der vorgesehenen »Nachuntersuchung« etwa drei Monate nach

dem dritten und letzten Kontakt sagen die Klienten jedoch ohne nähere Begründung ab, so daß wir keine Hinweise auf die mögliche Wirkung der ausgewählten Strategie haben.

Literaturverzeichnis

Bandler, R., Grinder, J. & Satir, U.: Mit Familien reden. München: Pfeiffer, 1978.

Beck, A. T., Rush, I. & Kovacs, M.: Therapeuten-Manual für die kognitive Verhaltenstherapie von Depressiven. DGVT-Materialien, Nr. 5, 1978.

Braun, P.: Arbeitsstörungen. In: Pongratz, J. L. (Hrsg.): Handbuch der Psychologie, Bd. 8 (2), Klinische Psychologie. Göttingen: Hogrefe, 1978, S. 2313–2371.

Braun, P. & Tittelbach, E.: Neuere Entwicklungen in der Verhaltenstherapie. In: Pongratz, J. L. (Hrsg.): Handbuch der Psychologie, Bd. 8 (2), Klinische Psychologie. Göttingen: Hogrefe, 1978, S. 2002–2081.

Buytendijk, F. J. J.: Allgemeine Theorie der menschlichen Haltung und Bewegung. Berlin: Springer, 1956.

Clauß, G. u.a. (Hrsg.): Wörterbuch der Psychologie. Köln: Pahl-Rugenstein, 1976, S. 402.

Dörner, D.: Problemlösen als Informationsverarbeitung. Stuttgart: Kohlhammer, 1976.

Dörner, K.: Diagnosen der Psychiatrie. Über die Vermeidungen der Psychiatrie und Medizin. Frankfurt: Campus, 1975.

Dziewas, H. & Grawe, K.: Das Interaktionelle Problemlösungsvorgehen (IPV) in Gruppen. Mitteilungen der DGVT, 1978, Sonderheft I: Fortschritte in der Verhaltenstherapie, S. 50–62.

D'Zurilla, T. J. & Goldfried, M. R.: Problem solving and behavior modification. Journal of Abnormal Psychology, 1971, 78, 107–126.

Ellis, A.: Reason and Emotion in Psychotherapy. Secaucus, N. J.: Lyle Stuart, 1962 (deutsch: Die rationalemotive Therapie. München: Pfeiffer, 1977).

Fiedler, P. A.: Diagnostische und therapeutische Verwertbarkeit kognitiver Verhaltensanteile. Praktische Ansätze für eine kognitive Therapie. In: Hoffmann, N. (Hrsg.): Grundlagen kognitiver Therapie. Theoretische Modelle und ihre praktische Anwendung. Bern: Huber, 1979, S. 205–251.

Florin, I. & von Rosenstiel, L.: Leistungsstörung und Prüfungsangst. Ursachen und Behandlung. München: Goldmann, 1976.

Fuchs, R.: Ansätze, Methoden und wissenschaftliche Grundlagen der Handlungsforschung. In: Thomas, A. (Hrsg.): Psychologie der Handlung und Bewegung. Meisenheim am Glan: Hain, 1976, Psychologia Universalis, Bd. 32, S. 171–255.

Goldstein, A. P.: Methoden zur Verbesserung von Beziehungen. In: Kanfer, F. H. & Goldstein, A. P. (Hrsg.): Möglichkeiten der Verhaltensänderung (Helping people change, 1975). München: Urban & Schwarzenberg, 1977, S. 17–55.

Grawe, K.: Die diagnostisch-therapeutische Funktion der Gruppeninteraktion in verhaltenstherapeutischen Gruppen. Hamburg: Psychiatrische Universitätsklinik, unveröffentlichtes Manuskript, Oktober 1978.

Grawe, K. & Dziewas, H.: Interaktionelle Verhaltenstherapie. Mitteilungen der DGVT, 1978, Sonderheft I: Fortschritte in der Verhaltenstherapie, S. 27–49.

Groeben, N. & Scheele, B.: Argumente für eine Psychologie des reflexiven Subjekts. Darmstadt: Steinkopff, 1977.

Guerney, B. & Stollak, G. E.: Problems in living, psychotherapy process research and an autoanalytic method. J. of Consulting Psychology, 1965, 29, 6, S. 581–585.
Hacker, W.: Allgemeine Arbeits- und Ingenieurpsychologie. Berlin-Ost, 1973.
Hacker, W., Timpe, K.-P., Vorwerg, M. (Hrsg.): Arbeits-, ingenieur- und sozialpsychologische Beiträge zur sozialistischen Rationalisierung. Berlin: VEB Deutscher Verlag der Wissenschaften, 1973.
Haley, J.: Gemeinsamer Nenner Interaktion – Strategien der Psychotherapie. München: Pfeiffer, 1978.
Hoffmann, M.: Zur Genese von Verhaltensstörungen aufgrund fehlgeschlagener Problemlösestrategien. Mitteilungen der DGVT, 1978, Sonderheft I: Fortschritte in der Verhaltenstherapie, S. 139–152.
Jaeggi, E.: Kognitive Verhaltenstherapie. Kritik und Neubestimmung eines aktuellen Konzepts. Weinheim: Beltz, 1979.
Kaminski, G.: Verhaltenstheorie und Verhaltensmodifikation. Stuttgart: Klett, 1970.
Kanfer, F. H. & Phillips, S.: Lerntheoretische Grundlagen der Verhaltenstherapie (Learning foundations of behavior therapy, 1970). München: Kindler, 1975.
Kanfer, F. H. & Saslow, G.: Verhaltenstheoretische Diagnostik (1965/1969). In: Schulte, D. (Hrsg.): Diagnostik in der Verhaltenstherapie. München: Urban & Schwarzenberg, (1974) 1976², S. 24–59.
Kemmler, L. & Echelmeyer, L.: Anamnese-Erhebung. In: Pongratz, L. J. (Hrsg.): Handbuch der Psychologie, Bd. 8 (2), Klinische Psychologie. Göttingen: Hogrefe, 1978, S. 1628–1648.
Keupp, H.: Psychische Störungen als abweichendes Verhalten. Zur Soziogenese psychischer Störungen. München: Urban & Schwarzenberg, 1972.
Keupp, H.: Modellvorstellungen von Verhaltensstörungen: »Medizinisches Modell« und mögliche Alternativen. In: Kraiker, C. (Hrsg.): Handbuch der Verhaltenstherapie. München: Kindler, 1974, S. 117–148; S. 560–568.
Keupp, H. & Zaumseil, M.: Die gesellschaftliche Organisierung psychischen Leidens. Zum Arbeitsfeld klinischer Psychologen. Frankfurt: Suhrkamp, 1978.
Klaus, G. & Buhr, M.: Philosophisches Wörterbuch, Bd. 2. Leipzig: VEB Bibliographisches Institut, 1969.
Klemm, O.: Leistung. In: Klemm, O.: Wege zur Ganzheitspsychologie. München: Beck, 1954.
Klix, F.: Information und Verhalten. Bern: Huber, 1971.
Lazarus, A. A.: Multimodale Verhaltenstherapie (Multimodal behavior therapy, 1976). Frankfurt am Main: Fachbuchhandlung für Psychologie, 1978.
Leontjew, A. N.: Probleme der Entwicklung des Psychischen. Frankfurt: Athenäum, 1973.
Luthman, S.G. & Kirschenbaum: Familiensysteme. München: Pfeifer, 1977.
Mahoney, M. J.: Kognitive Verhaltenstherapie. Neue Entwicklungen und Integrationsschritte (Cognition and behavior modification, 1974). München: Pfeiffer, 1977.
Meichenbaum, D.: Self-instructional Methods. In: Kanfer, F. H. & Goldstein, M. R.: Helping People Change. New York: Pergamon, 1975.

(deutsch: Möglichkeiten der Verhaltensänderung. München: Urban & Schwarzenberg, 1977).
Miller, G. A., Galanter, E. H. & Pribram, K. H.: Strategien des Handelns. Pläne und Strukturen des Verhaltens (Plans and the structure of behavior, 1960). Stuttgart: Klett, 1973.
Minuchin, S.: Familie und Familientherapie. Theorie und Praxis struktureller Familientherapie (Families and family therapy, 1976[6]). Freiburg: Lambertus, 1977.
Sachse, R.: Praxis der Verhaltensanalyse. Stuttgart: Kohlhammer, 1979.
Schmidt, L. R. & Keßler, B. H.: Anamnese. Methodische Probleme, Erhebungsstrategien und Schemata. Weinheim: Beltz, 1976.
Schmidtchen, S.: Handeln in der Kinderpsychotherapie. Stuttgart: Kohlhammer, 1978.
Schulte, D.: Ein Schema für Diagnose und Therapieplanung in der Verhaltenstherapie. In: Schulte, D. (Hrsg.): Diagnostik in der Verhaltenstherapie. München: Urban & Schwarzenberg, (1974) 1976[2], S. 75–104.
Seidel, R.: Denken, Psychologische Analyse der Entstehung von Problemen. Frankfurt: Campus, 1976.
Selvini-Palazzoli, M., Boscolo, L., Cecchin, G. & Prata, G.: Paradoxon und Gegenparadoxon. Ein neues Therapiemodell für die Familie mit schizophrener Störung (Paradosso e controparadosso, 1975). Stuttgart: Klett, 1977.
Semmer, N. & Frese, M.: Handlungstheoretische Implikationen für kognitive Therapie. In: Hoffmann, N. (Hrsg.): Grundlagen kognitiver Therapie. Bern: H. Huber, 1979, S. 115–153.
Semmer, N. & Pfäfflin, M.: Interaktionstraining. Weinheim: Beltz, 1978.
Sommer, G. & Ernst, H.: Gemeindepsychologie. München: Urban & Schwarzenberg, 1977.
Thomas, A.: Handlung und Bewegung als Gegenstand psychologischer Forschung. In: Thomas, A. (Hrsg.): Psychologie der Handlung und Bewegung. Meisenheim am Glan: Hain, 1976, Psychologia Universalis, Bd. 32, S. 1–10.
Urban, H. B. & Ford, D. H.: Some historical and conceptual perspectives on psychotherapy and behavior change. In: Bergin & Garfield (Eds.): Handbook of Psychotherapy and Behavior Change. New York, 1971.
Volpert, W.: Handlungsstrukturanalyse als Beitrag zur Qualifikationsforschung. Köln: Pahl-Rugenstein, 1974.
Watzlawick, P., Weakland, J. H. & Fisch, R.: Lösungen. Zur Theorie und Praxis menschlichen Wandels (Change. Principles of Problem Formation and Problem Resolution, 1974). Bern: Huber, 1974.
Zaumseil, M.: Grundlagen und Verfahren des diagnostisch-therapeutischen Prozesses in der Verhaltenstherapie. Hamburg: Psychologisches Institut III., unveröffentlichtes Manuskript, August 1977.

Autorenverzeichnis